MBA
心理戦術
101

なぜ「できる人」の言うことを
聞いてしまうのか

グロービス＝著
嶋田 毅＝執筆

JN051617

文藝春秋

はじめに

　合理的な意思決定を行うため、ロジカル・シンキングやクリティカル・シンキングの重要性が叫ばれて久しいものがあります。筆者らも書籍をはじめさまざまな媒体や方法論でそれを伝えてきました。経営大学院でそれを学びたい、企業研修でそのエッセンスを導入して社内に広めたいという方も多数います。

　その甲斐もあってか、ピラミッド構造やロジックツリー、イシューなどの言葉は、特定の職種の人のみが知るものではなく、多くの人が知るようになりました。正しく使いこなすのは容易ではありませんが、「知る」という第一歩を経る人が増えただけでも好ましいことと言えるでしょう。

　ただ、ある程度論理的な思考ができる人でも陥ってしまう罠が身近に潜んでいます。**それが「バイアス」──思考の偏りや歪みです。**厳密にはバイアスはさらに細かいカテゴリー（認知バイアスや感情バイアスなど）に分けることもできますが、本書ではまとめてバイアスという言葉で総称します。

　バイアスの怖い点は、ロジカル・シンキングを教えてい

る教育者や、日頃はロジカルな経営者など誰もがそこから完全に逃れることはできないという点です。本書では101個のバイアスを取り上げましたが、筆者自身、わが身を省みて、こうしたバイアスの罠に日々、大なり小なり陥っているのを痛感します。それほどまでにバイアスは強力で、時には「嵌められてしまう」ことも多いのです。

　本書では、経営学と絡めて紹介されることの多い、ビジネスパーソンに関連しそうなものを101個ピックアップしました。大学院のクラスなどで直接教えられるものもあれば、講師が個々人の知恵として直接的・間接的に紹介しているものもあります。これらのバイアスを知っておくことのメリットは大きく3つあります。

　第一に、**それらを用いて、他者を動かす武器として使うことができます。**たとえば1章1項に出てくる「プライミング効果」をうまく使えば、人々を自分にとって好ましい方向に動かせる可能性が高まります。

　第二に、**自分の意思決定の質を上げることができます。**たとえば1章2項に出てくる確証バイアスは、人間である以上誰しもが陥るものですが、自分を客観視してこれを避けることができれば、意思決定の質は格段に上がります。

第三の、そして最も重要な効用は、**これらのバイアスを「悪用」しようとする他者からの働きかけに対して警戒心を持ち、それらを防げる可能性が増すことです。**

　たとえばセールスに長けた人間は様々なバイアスを知っており、それらをうまく活用して自社商品をお買い得と見せたり、彼ら自身の信用度合いを上げるようなテクニックを使ってきます。実際に「やられた」人も多いでしょう。そのような相手の「心理戦術」を防ぎ、時には裏をかくこともできることは、バイアスを知る大きな効用と言えます。

　この解説からも想像がつくかと思いますが、本書は決して他人を「嵌める」あるいは「陥れる」ためのものではありません。正しく使えるものは正しく使い、悪用されやすいものについてはそれを防ぐことを最大目的にしています。このスタンスは、本書の中でも紹介している『影響力の武器：なぜ、人は動かされるのか』などの書籍にも通じるものです。くれぐれも好ましくない使い方は避けるようにお願いしたいと思います。

　各章は、最もベースとなるものを1章にまとめた後、2章以降は使われやすいシチュエーションや、バイアスの特性ごとにまとめました。昨今のトレンドを反映し、テクノロジーに関するもの（8章）、ネット上での情報収集や情報発信に関するもの（9章）を集めた章も設けました。ま

ずは1章をご覧の上、関心に応じて各章を読まれるといいでしょう。

　なお、本書は心理学者向けのアカデミックな書籍ではありませんので、専門家から見たらやや説明が乱暴な部分もあります。また、表記の仕方が固まっていないいくつかのバイアスについては分かりやすいよう筆者が独自にネーミングしました。あくまで実務者向けの書籍ということでご了解ください。

　本書の執筆にあたっては、文藝春秋ノンフィクション出版部の山下覚さんにお世話になりました。改めて感謝いたします。

　本書が、何かしらの形で読者の皆さまのお役に立てれば執筆者としてこれに勝る幸いはありません。

嶋田毅

MBA 心理戦術 101　**目次**

2章

統計／データを用いた
意思決定に影響する
心理バイアス | 47

3章

変化やリスクについての
判断に影響する心理バイアス | 73

4章

交渉／セールス／
プレゼンテーションに影響する
心理バイアス | 104

7章

人の「記憶」に作用する心理バイアス | 173

Bias

8章

「テクノロジー」に関連する
心理バイアス | 185

9章

ネットの情報発信、
情報収集などで
ありがちなもの | 203

10章

日常生活でも発生する心理バイアス | 219

Bias

1章

認知や意思決定に
影響を与える
心理バイアス

プライミング効果

発想は先行情報に縛られる

定義 ▶ 先行情報に引っ張られて物事を考えてしまう傾向

　連想ゲームをするシーンを考えてみましょう。仮にそれ以前に水族館や寿司の話をしていたとします。そこで、「海といってすぐに思い浮かぶものは？」という話をすれば、マグロやタイ、エビなどの魚介類に関する回答が増えるでしょう。

　一方、連想ゲームの前にスポーツの話をしていたとします。すると同じ質問をしてもサーフィンやスキューバダイビングといった答えが返ってくる可能性が高まります。**つまり人間は、何かを問われたとき、純粋にゼロベースで考えるのではなく、直前に与えられた情報に引っ張られてしまうのです。**

　先行して与えられた情報は**プライマー**、影響を受ける事柄は**ターゲット**と呼ばれます。つまり、プライマーを変えることでターゲットに変化が起こるのが**「プライミング効果」**です。

　110Pで解説するアンカリングなども、プライミング効果の一種と見ることができます。

プライミング効果をうまく使えば、人々の行動を自分の思う方向に誘導することができます。たとえば社員旅行の行き先を決める際、親しい意思決定者に、あらかじめ「今年は魚が美味しいらしいですよ」「今年の夏は猛暑になるそうです」「夜景がきれいな街っていいですね」などと折に触れて吹き込んでおけば、「社員旅行の行き先は函館にするか」といった、自分の望んだ結果に誘導しやすくなります。このケースでは効果は限定的かもしれませんが、それでも多少は可能性が増します。

アンケートなどで「欲しい答え」を誘導するためにプライミング効果が使われることもあります。たとえば、Ａ新聞社が「最終的に信用できる媒体はＡ新聞である」という回答が多かったとする結論を導きたいとしましょう。

であれば、「メディアのうち最も信用できる媒体は何ですか？」と最後に問いかける前に、「Ｂ新聞社のこの誤報について知っていますか？」という質問をしたり、「ネットでデマが拡散される傾向が増していると思いませんか？」あるいは「ＮＨＫは不偏不党でしょうか？」などと質問をしておくと、それに誘導されて「最終的に信用できる媒体はＡ新聞である」という回答の率が増すわけです。

確証バイアス

都合の悪い情報を
過小評価してはいけない

定義▶ 自分の結論や仮説に都合のいいデータだけを
過大評価する傾向

「確証バイアス」 とは、一度自分なりの結論が出てものの見方が決まってしまうと、**自分にとって都合のいい情報ばかりが目に入るようになり、逆に自分にとって都合が悪い情報は目に入らない、あるいは目に入っても過小評価してしまうというバイアスです。**

確証バイアスは、人間にたくさんあるバイアスの中でも最も強いものの1つかもしれません。筆者自身、分かっていても、何度も陥ってしまうバイアスと感じています。たとえば筆者はあるプロ野球チームのアンチなのですが、アンチになってからは、ひたすらそのチームにとって好ましくない情報に目が行く一方で、好ましい情報は無意識に無視してしまいます。

スポーツチームの好き嫌いくらいはまだ大きな問題ではありませんが、確証バイアスはビジネスの場面でも無意識に現

われるので、それを認識しておく必要があります。

　たとえば、自分の思い入れのあるプロジェクトがあったとして、それを稟議にかけるシーンを想定します。おそらく多くの人は、そのプロセス中に、何かしら好ましくない情報（例：海外で同様にプロジェクトを進めようとした企業が失敗したなど）に触れた場合、それを過小評価しようとするはずです。あるいは、その失敗には何かしら別の要因があったに違いない、などと考えてしまう人も多いはずです。

　逆に、自分にとって都合のいい情報は、それを実際の数倍に過大評価するでしょう。**いずれも、すでに自分の中で結論があると、それに目にする情報を沿わせてしまうのです。**

　確証バイアスは個人だけではなく、グループでも生じます。グループの中で何かしらの結論が出ると、そこで参加者の1人が「〇〇について考えなくてもいいのでしょうか？」と言ったとしても、他の人間は「それは大きな問題じゃないよ」などと答えてしまうわけです。

　確証バイアスはある意味で視野狭窄（きょうさく）とも言えるわけですが、日本人には特に「空気に流される」という国民性もあります。**逆に言えば、会議などの場で、上記のような発言をすることにより、そうした空気をうまく作ることができれば、反対者の意見を過小評価させることは非常に容易なのです。**

イケア効果

自分が作ったからこそ
愛おしい

定義▶ 自分が関わったものを大事に思う傾向

　イケアはスウェーデン発祥の家具小売り大手のイケア社のことです。イケアの商品の多くは、いわゆる DIY 的に顧客が組み立てる仕様になっています。そして一般に、多くの顧客は自分が組み立てた家具に、出来合いの商品以上に愛着を抱くようになります。**イケア効果**という名前はここから取られました。**自分が何かしらの関与をしたり、手間暇をかけたものを人々は重要に感じたり愛着を持ったりするわけです。**

　この効果はビジネスシーンでも無意識に応用されています。たとえば何かの企画を作ったりプロジェクトを進める場合、**ちょっとでもいいのでその企画やプロジェクトに参画してもらうと、その人は「自分が関わったものだ」ということで「自分事」として捉えるようになるのです。**

　企業変革を推進する際に、時折反対勢力の人をあえてプロジェクトメンバーに入れることもありますが、その場合もイ

ケア効果が働き、企業変革そのものに当事者意識を持ってもらう効果をもたらします。

イケア効果の強さは、関与する程度で変わってきます。そこで若手の育成などにおいては、あえてややきつめの課題を与え、その仕事に対するコミットメントを醸成することもあります（もちろん、スキルアップの効果も同時に狙っています）。

イケア効果はマーケティングでも応用されています。イケアのDIY的な家具はまさにその例ですが、たとえばリゾート地における参加型のアクティビティなども、あえて顧客が関与する割合を増やすことがあります。たとえば植物を採取して料理までやってもらうなどです。このように手間をかけた料理は、当然プロのコックが作るものに比べると味は落ちますが、顧客の満足はそれ以上に高くなることも期待できるのです。

このように正しく使えば有効なイケア効果も、マイナスに働くことはあります。たとえば商品開発に時間をかけ過ぎると、担当者は過度に思い入れが強くなり、売れ行きがイマイチだとしても、「何とか工夫すれば売れるはずだ」と正確な判断が下しにくくなるのです。**製品やサービスに対する愛着そのものは必要ですが、過度な愛着はむしろ生産性を損ねることがあるのです。**

自信過剰

自分の予測は正しい？

定義▶ 根拠なく自分の判断を正しいと考える傾向

何かを予測するというのはビジネスパーソンならずともありふれた行為ですが、**人間には自分の予測について、根拠もなく「いい線をいっているはずだ」と考える傾向があります。**たとえば、一見して予想が難しそうな数字を被験者に答えてもらいます。例としては以下のような質問です。

• ラオスの人口は何人でしょうか？
• 血中の酸素濃度は普通の水の何倍でしょうか？
• ブラジルの殺人件数は日本の何倍でしょうか？

その上で「皆さんの答えが実際の数字の上下〇〇％（あるいは上下△△倍）に収まっていると思う人は挙手してください」と問いかけます。そうすると、実際にはその範囲に収まっていない人も多数挙手してしまうのです。

この**自信過剰**はビジネスにもしばしば現われます。分かりやすいのは新規事業への取り組みなどでしょう。本来は難し

いものであったとしても、たとえば競合も始めたといった情報があったりすると、「自社もやるべきだ」「我々もやれば成功するはずだ」などと考えてしまうのです。

　次項で紹介する「計画バイアス」もこの自信過剰が大きな要因となっているとされます。**本来は経験がないときほど慎重にならなくてはいけないはずなのですが、なぜかそういうときに限って甘い計画が立てられることが少なくないのです。**

　部下に高い目標を立てさせる上で、この自信過剰を利用することもできます。部下は高めの計画を提出しがちなため、MBO（目標管理）のときなどに低い点数を付けやすくなるのです。好ましいやり方ではありませんが、人件費を抑制したい思惑があるときなどには悪用されることもあります。

計画バイアス

経験が少ないほど、
楽観的になる

定義▶ 計画は思い通りに行くと楽観的に考えてしまう傾向

「**計画バイアス**」は、IT プロジェクトなどはもちろん、あらゆる計画において発生する、ややタチの悪いバイアスです。

物事が計画通りに進まなかった結果を示すサーベイはいたるところにあります。たとえばマッキンゼーとオックスフォード大学が2010年に行った調査によると、プロジェクト規模が1500万ドル以上の5400を超える IT プロジェクトでは、**見積もりに比べてコストは平均で45％オーバー、納期は平均７％オーバーの一方、利益は見積もりの半分以下だったそうです。**

なぜこのようなことが起こるかといえば、**人は計画段階において楽観しやすい（楽観バイアスがある）** ことによります。**さらに言えば、楽観バイアスは、人間は前向きのことを考えている方が、気持ちよく感じるという脳の働きによって生じるとされます**（もちろん、物事を常に悲観的に見る人もいますが、前向きのことを考える方が気持ちよく感じるというの

は同じです)。

　たとえば多くの人は、旅行の予定を検討する際、非常に浮き浮きした気持ちになり、現実に行ける以上に多くの名所を訪問する計画を立てたがるものです。

　京都旅行に初めて行くケースであれば、伏見稲荷、三十三間堂、清水寺、金閣寺、銀閣寺、二条城、嵐山などを1日で回ってしまうような、かなり無謀な計画を立ててしまいがちです。これは物理的に不可能ではないですが、それぞれの名所を味わう時間はほとんどありませんし、ちょっと気候が悪かったり、交通渋滞などのトラブルがあると、一気に破綻してしまいます。

　ここからも分かるように、**特に経験が少ないうちは、ポジティブに考えすぎてしまい、後から見たらかなり無謀な計画を立ててしまっていることが多いのです。**

　経験を積むと多少楽観度合いが減る傾向はありますが、それでもこの計画バイアスはなくなりません。仮に前回失敗したとしても、「今度こそはうまくいくはず」「前回のトラブルは滅多にないこと」などと勝手に解釈してしまうのです。顧客からの要望や、上司からのプレッシャーあるいは上司自身の楽観がそれを加速します。**他者からの「こんなの大丈夫だよ」といった発言なども、計画バイアスを強化することがあるので、冷静にそれを見極める必要があります。**

合理化

自分は悪くない！

定義▶ 満たされなかった欲求に対して、
理屈付けして考えることで自分を納得させる
心理的な防衛機制

　合理化は、極めて端的に言えば、**自分に都合のいい言い訳を考え、心の平静を得ようとするメカニズムです。**この心理は心理学では非常に有名な概念であり、本書で紹介するバイアスのいくつかとも関連します（例： 139P の自己奉仕バイアスなど）。

　合理化の有名な例に、イソップ童話でもおなじみの「酸っぱいブドウ」があります。これは、森の中を歩いていた狐が、高いところになっているブドウを採ろうとしたという話を題材にしています。
　狐は体を伸ばしたり木を揺さぶったり駆けあがったりするなどいろいろとブドウを採ろうと試みるのですが、結局そのブドウを得ることはできませんでした。そこで狐は、**「あんなブドウなんて美味しいはずがない。きっと酸っぱいブドウだ。酸っぱいブドウなんていらない」**と自分を納得させたのです。

同様のことは多かれ少なかれ、皆さん経験されているはず
です。たとえば第一志望の大学を落ちた受験生であれば、
「あの大学は、学問的には評判がいいけど就職の世話はあま
りしてくれないというし、授業の出席も厳しくてあまりバイ
トなどもできないという。行かなくて正解だ」などと受験に
落ちたことを合理化してしまうのです。

　なお、この事例だけを見れば合理化はあまり好ましくない
心の働きのように見えます。もちろん、たとえば飲酒運転で
交通事故を起こした後に「自分に飲ませた人間が悪い」など
と言い訳するのは論外ですが、合理化にも一定のメリットが
あります。

　たとえば先の受験の事例で、どうしてもその大学に入りた
いからといって、何年も浪人して合格を目指し続けるのはや
はりやりすぎでしょう。そもそも大学に入ることは人生の
ゴールではありませんので、そこに過度にこだわるよりも、
より良き人生に向けて前向きに考えを転換する上で合理化は
プラスの効果をもたらすことも多いのです。

　一方で、**安易な合理化を許容することは、人間の成長を妨
げることもあります。部下の育成などでも、適切な指導をし
ないと、不適切な言い訳ばかりする困った部下が誕生するか
もしれません。**

「3」の法則

「3」はマジックナンバー

定義▶ 根拠が3つあるとそれらしく感じる傾向

　洋の東西を問わず、3という数字には何か謎めいた力があります。たとえば「世界3大○○」や「日本3大○○」(例：世界3大美人＝クレオパトラ、楊貴妃、小野小町)といったものは数えきれないくらいあります。

　スポーツなどでも、野球はなぜか3ストライクや3アウトなど鍵となるルールに3という数字が多数登場しますし、サッカーでも1試合で3点取ればハットトリックとして褒め称えられます。「真善美」や「心技体」、「早い、安い、うまい」といった言葉も3つの要素から成っています(もちろん、「○○四天王」や起承転結、スポーツのクォーター制度に見られるように、4を始め他の数字でもよく用いられるものはありますが、3に比べるとかなり少ないです)。

　3が好まれる理由としては、人間の脳のキャパシティ的にも覚えやすく、かつ思い出しやすい数字であることなどが指摘されています。

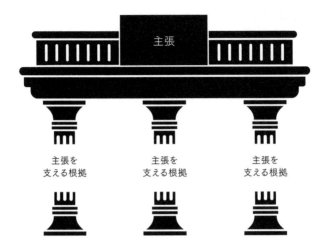

主張

主張を
支える根拠

主張を
支える根拠

主張を
支える根拠

これを利用したのが、「何かの提案を行う際には、『理由は３つあります』と言え」という教えです。根拠が１つや２つでは弱いですし、４つや５つでは覚えきれないのがその理由です。

ただ、中には**「自信がなくても『理由は３つあります』と言えば説得力が上がるので、決め台詞としてそれを使え」**などと書いている指南書もあるので要注意です。

本来、根拠というものはイラストに示したように、しっかり主張を支える柱のようなものである必要があります。しかし現実には、そのうちの１つが非常に弱い根拠だったり、そもそも根拠たりえないケースはよくあります。**「理由（あるいは根拠）は３つあります」に騙されない批判的思考力を持つことが大事です。**

ハロー効果

根拠のない「お墨付き」に騙されるな

定義▶ 目立つ特性や特徴があると、
それらを別の要素にそのまま当てはめてしまうバイアス。
後光効果とも呼ばれる

「ハロー効果」はバイアスの中でも最も有名なものの1つです。よく例に出されるのは、面接のシーンにおける以下のようなものです。

・就職活動中の学生について、スポーツで主将を務めていたので、ビジネスでもリーダーシップがとれるはずだと考える
・母親が優秀な起業家だったので、娘も起業家精神に溢れたエネルギッシュな働き方をすると考えてしまう

これらは、中には一定の説得力を持つものもありますが、**通常、その相関関係は必ずしも高くはありません。それでも人間はそうした要素を強引に結び付けてしまうのです。**

ハロー効果はマーケティングにも応用されています。たとえば美男美女や有名なスポーツ選手を自動車のCMに使うことはよくあります。しかし、別に彼らはプロのレーサーや

自動車評論家ではありません。しかし、**好ましい印象を与える人々が CM に出ると、それに引きずられてその製品も良く見えてしまうのです。**

インターネットの時代ならではの人々が気をつけるべきことは、ブログやツイッター、SNS などでの著名人の発言や動向です。たとえばマイクロソフト創業者のビル・ゲイツが、自分の子どもにある分野の本をよく読ませている、あるいは、あるスポーツをさせているという記事が出たとします。それを見て「あのビル・ゲイツがやっているんだから自分も真似しようか」と思う人は一定比率いるでしょう。ましてや、NewsPicks のようなコメント可能なキュレーションアプリで「自分も同じことをさせている」といった賛同の声がたくさん付いていると、その傾向は高まります。

しかしよくよく考えれば、ゲイツは、プログラマーや経営者、慈善事業家としては実績を残していますが、児童教育の専門家ではありません。また、そこにコメントした人たちも、ビジネスや他分野で業績を残していたとしても、必ずしも教育心理学者というわけではありません。これも典型的なハロー効果なのです。

皆が発信しやすくなり、またさまざまな情報にすぐ触れられる現代だからこそ、ハロー効果にはますます要注意と言えそうです。

好意

「好き」に勝る武器はない

定義▶ 好意を持つ人の意見を支持してしまうという傾向

「好意」を持つ人の意見を好ましく思う、あるいは批判の矛先が鈍るのは万人に共通の傾向です。

　では好意はどこから生まれてくるのでしょうか。典型的なものとしては、**自分に対する態度、接触頻度、外見・容姿**などがあります。

　自分に対する態度とは、どのくらい自分に良くしてくれたかということです。たとえば過去にお世話になった先輩のコメントを真っ向から否定する人は滅多にいないでしょう。多くの人は黙殺するか、何かしら反論するにしても、かなり文言や言い方を工夫し、本人を傷付けないように配慮するはずです。

　接触頻度が上がることも通常、好意を高めます。直接的なやり取りがあればもちろんのこと、それがないユーチューバーのような相手でも、毎日接触していると何かしらの親近

感が生まれ、きつい態度を取りにくくなっていきます。

　最近はネット上でしかやり取りがない相手であっても、自分のコメントに好意的なコメントをくれたり、いつも「いいね」を押してくれる人には好意が増す傾向があります。年賀状を毎年律義に送ってくれるだけでも、好意に影響するものです。

　外見・容姿といったものも、やはり好意に影響します。美男美女はその点で優位に立てる可能性が高いと言えます。特に男性の場合は身長が高いことも有利に働きやすくなります。アメリカの大統領選挙において、身長の高い候補の方が圧倒的な勝率を収めていることは非常に有名です。

　清潔な身だしなみも大事です。人は第一印象に左右される傾向もありますので、一般受けする服装などをしておくことは、多くの人から好意を得る上で有効です（ただし、意外感やコントラストで印象を強めるといった効果は弱まります）。

　個人的には整形まではお勧めしませんが、外見や容姿にこだわることは、決して無視できない効果をもたらすのです。

　もちろん、**最終的にものを言うのはその人がどれだけ信頼できるかという点や、発言、行動の中身そのものです。しかし、それだけで人を引き付けられる人は決して多くはありません。**人間の根源的なバイアスである好意を軽んじてはいけません。

「権威」が錯覚を生む

定義▶ 権威のある人の発言に従ってしまう傾向

　多くの人は「権威」のある人の発言を、権威のない人に比べて信用する傾向があります。これはある意味ではもっともな話です。たとえば iPS 細胞に関する事柄について、その研究でノーベル賞を受賞した山中伸弥教授の発言を信用するのは極めて妥当と言えるでしょう。AI の進化の行方について、グーグルやフェイスブックの AI 研究機関のリーダーの話を信用するのももっともな行動です。

　問題は、権威が多少あやふやなものであっても、人は「権威がありそう」と感じると、その人の言葉を信じやすくなるのです。

　たとえばある心理実験では、監督者が白衣を着ているだけで、実験の被験者は監督者の指示に従いやすくなったとされます。そして同じ監督者であっても、白衣を着ていないと指示に従う度合いが多少下がってしまったというのです。つまり、白衣が「権威の象徴」として機能し、本人の専門性や指

示の妥当性などに関係なく、人々の行動に影響を与えたわけです。

　学歴や職歴なども権威の象徴として働くことがあります。たとえば、「東京大学卒」「京都大学卒」というだけで、その人の言うことを信用する人は多いかもしれません。たしかにこれらの大学は入試は難しいですが、平凡な人も決して少なくありません。それにもかかわらず、日本を代表する大学を出たというだけで権威が増してしまい、「彼／彼女が言うなら信頼性は高いのだろう」と思ってしまうのです。

　職歴も、たとえば「マッキンゼーを経て〇〇株式会社のCOO（最高業務執行責任者）を務め、その後独立し、現在にいたる」と書かれていたらどうでしょうか。「著名なコンサルティングファームに所属し、しかもCOOまで務めた人間ならかなり経営には詳しいだろう」と思う人は多いはずです。

　しかし、よくよく話を聞けば、いずれもあまり結果を出せず、1年以内に辞めているかもしれません。それでも、職歴が「箔」となって人々の行動に影響を与えるのです。**実際、何かのプレゼンテーションをする際に、自分の履歴や過去の実績などを「盛って」話すことで、自分の権威を高めようとする行動はあらゆるシーンで観察されます。**

　その権威の妥当性に疑問を持つ姿勢がないと、すぐに騙されてしまうことになりかねません。

社会的証明

「皆がしているから正しい」とは限らない

定義▶ 多くの人の支持があるかどうかで意見や行動が変わる傾向

社会的証明の実験で最も有名なのは、路上で全員（ただし、全員がサクラ）が同じ方向を見ていたら、そこにたまたま通りかかった人が、ほぼすべて同じ方向を見てしまったというものでしょう。

社会的生物である人間は、通常、自分一人が他人と違う行動を取ることを嫌います。人生がかかるような大きな意思決定になれば、あえて人々の逆をいく人もいるかもしれませんが、日常の些細なことについては、多くの人と同じことをしておけば無難だろうという意識が働きやすいのです。

たとえば、テレビの番組なども、視聴率が高いと評判の番組をまず優先的に見ようとする人は多いでしょうし、映画などでも、ヒットしている映画だから見に行こうと考える人は多いはずです。

社会的証明は、２つのケースで特に強くなるとされていま

す。**1つは、不確実性が高く、自分がその件に関して明確な
意見を持ちにくいとき**です。たとえば、旅行中に不慣れな地
域で地震に襲われたとします。多くの人が同じ場所に避難し
ようとしているならば、同様の行動を取る人は多いでしょう。

　もう1つは、次項で紹介する類似性があるときです。「自
分と類似の人間は〇〇という行動をしている」などの情報が
あると、自分もそれと同じ行動をしておくのが良いだろうと
多くの人は考えてしまうのです。この傾向はマーケティング
などでも活用されています。ややトリッキーな手法としては、
「賢明な人ほど〇〇しています」といった情報を受け取ると、
自分は賢明という自負のある人は、それを証明するためにも
同じ行動を取りやすいのです。

類似者選好

「似ている」だけで
距離は縮む

定義▶ 自分に似た人間を好ましいと思ってしまう傾向

「類似者選好」は本章でご紹介した好意や社会的証明なども関連してきます。**人間には自分と似た人間に親近感を覚え、その言動を支持する傾向があるのです。**

ここでいう「似ている」とは、容姿のことではなく共通点の多さのことです（容姿が似ていることは要素の1つです）。

たとえば同じ出身地、同じ出身校、同じ趣味、住まいが近い、苗字やファーストネームが同じであることなどは一気に距離感を縮めます。さらに、それらが複数重なると、一気に好意が増し、非常にフレンドリーな対応を取ってしまうことが少なくありません。海外に行けば、「日本人」というだけで親しくなる例も少なくないでしょう。

共通点は、特に自分が大事にしているアイデンティティ（出身の市町村や出身高校、大学、学校での専攻など）に関するものほど効果は強くなります。これらに関して複数同じ要素があると、非常に親しみが湧くものです。

行きつけの
お店が同じ

名古屋出身

テニス好き

日本酒が好き

　ちなみに、複数の共通点を見出すことは、交渉術やセールスなどで使われるテクニックでもあります。**優秀なセールスパーソンは会話の中でなるべく多くの共通点を早めに見出すことで、心理的な距離を縮め、相手の本音を聞きだしやすくするといいます。**

　あまりに質問攻めにすると相手も警戒しますが、相手の何気ない言動や世間話から情報を探り、たとえば「この人は『餃子耳』（柔道選手に見られる特殊なつぶれ方の耳）だし体格もいいから元柔道選手かな。自分も昔やったことがあるから、その話題をぶつけてみるか」などとアプローチするのです。時には架空の共通点を持ちだすつわものもいますが、これはばれたときに一気に信用をなくすので、用いるには注意が必要です。

好き嫌いバイアス

感情は論理よりも強い

定義▶ 人の好き嫌いで意見がぶれてしまう傾向

　人間はしばしば、仮にある主張が正しかったとしても、その主張をする人間が嫌いな場合、「彼／彼女が正しいと言うことなんて信じられない。間違っているに違いない」といったように、**発言の成否を、内容の正しさではなく、発言した人間の人格で判断してしまうことがあります**。内容と人格とを混同して正しい判断ができない状況と言えます。

　ノーベル経済学賞をとったダニエル・カーネマンが主張した通り、**人間は、ロジックの前に直感や感情で物事を判断する癖があります。特に「嫌い」という感情は、あらゆることを全否定してしまう可能性もあるのです。**

　ちょっとした日常生活上のことであれば大きな問題になることは少ないかもしれませんが、ビジネスの場面で、「あいつの言うことだから信用はできないな」などと軽率に判断することは、時として事業機会を逃したり、顧客からの不満を

聞き逃したりするなど、重大な損失にもつながりかねません。また、それを根拠に他者にアドバイスなどをするのも好ましいことではありません。

　もちろん、ふだんから言動やパフォーマンスが悪く、それゆえに嫌われたり信用されていないとすれば、その人の方にも問題はあります。しかし、**安易なレッテル張りは、せっかくの正しい、しかも価値のある情報を無駄なものにしてしまう可能性もあるのです。**

　さらに個人の好き嫌いが高じると、発言の内容とは全く無関係に相手をむやみに攻撃するようになります。いわゆる人格攻撃です。人格攻撃は、内容そのものを議論するわけではありませんから、ほぼ不毛な結果に終わります。筆者は過去に生産的な結論につながる人格攻撃というものを見たことがありません。そして、場合によっては、埋めがたい人間関係の溝を作ることになり、職場の生産性を大きく減じてしまいます。

　人格攻撃は、議論として最も醜悪で、かつ自分自身の評価を下げる行為です。自分自身の信用を守り、多くの人に受け入れてもらえる土台を作るためにも、人格攻撃は避けるよう意識したいものです。逆に、会議の場などで意図的にそれを誘発すべく仕掛けてくるしたたかな論者もいますので注意すべきでしょう。

ステレオタイピング

レッテル貼りが
判断の質を下げる

定義▶ 「こういう人はこう」と安易にレッテル貼りをしてしまう傾向

皆さんは以下の事例を読んでどのように感じられるでしょうか？

「ゼミなんかで成績の良かった人間は、確かに頭は良いが、新しいことを試してみる勇気がないよなあ。最近、部下として配属されたA君もそんな感じだ。業務処理能力は高いが、あまりイノベーティブな意見はない。今日も、出してきたアイデアは、悪くはないが、いかにも優等生的な発想だ。先日の会議でも、やはり独自のものでなく、改善型の意見が多かった記憶があるなあ……」

多くの人間にとってありがちな発想の傾向に、**「カテゴリーに対するレッテル貼り」**、つまり**ステレオタイピング**があります。上記のケースで示した「ゼミなんかで成績の良かった人間は……」というバイアスもこれに属します。

皆さんも、普段意識しない（したくない）かもしれません

が、「△△国民は……」「これだから〇〇世代は……」「やはり男性（女性）は……」「文系（理系）の人間って……」というステレオタイプを大なり小なり持っているはずです。

こうした考え方は、ある意味で意思決定などを加速しますが、一方で**意思決定の質を落としてしまう可能性があることは容易に想像がつくでしょう。**

そして、**いったんあるステレオタイピングが始まると、そのステレオタイプを強化する情報にばかり目が行き、その逆の情報は軽く見るようになります。**18P で示した確証バイアスがここでも働いてしまうのです。

今回のケースで言えば、A君の卒業した大学（仮にZ大学とします）に何かしらの屈折した感情がある人であれば、ますますその傾向は強くなるでしょう。

もしZ大学出身者が何かステレオタイプに適った行動をとれば、「やはりZ大学出身者は……」となりますし、その逆の行動はほとんど目に入らない可能性が高くなります。仮に目に入ったとしても、意識的／無意識的にその情報を軽く見ようとします。こうしてステレオタイピングはどんどん強化されていくのです。

ステレオタイピングは他者からの情報でも形成されるので、それに安易に同調しない心がけも必要です。

専門偏向

「得意なこと」に縛られがち

定義▶ 自分の専門分野に偏りがちになる傾向

　人間は、自分の得意な分野に目が行きがちになるという傾向があります。たとえばクイズ番組などを見ていても、数学を業務で使っている人間であれば数学の問題に目が行きやすくなるでしょう。逆に、業務で文章を多く扱っている人であれば、国語の問題により興味を持つのは一般的な傾向と言えそうです。

　この傾向はビジネスでも当然当てはまります。たとえば、ある商品の売上を向上させなくてはならない場面になったとします。そこで広告畑を歩いてきた人間は、何かしら広告を工夫することで売上を伸ばそうとする傾向があります。

　一方、地道にチャネルの営業を担当してきた人間であれば、チャネルにいかに働きかけて自社商品を売ってもらうかということや、チャネル営業の増員といった提案をしてくるかもしれません。

図1　専門偏向

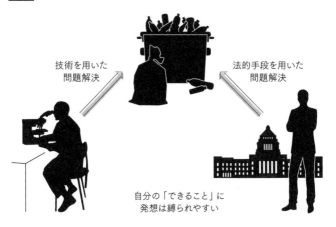

技術を用いた
問題解決

法的手段を用いた
問題解決

自分の「できること」に
発想は縛られやすい

　またあるいは、商品企画を長く担当した人間であれば、商品そのものの改良や新しい機能付加といった問題解決の方法を模索する可能性が高そうです。このように**人間は、何かを考えるにあたって、満遍なく可能性を追求することは苦手で、まず自分の得意技で何とかしようと考えてしまうのです。**

　自分の強みや専門を活かすこと自体は別に悪いことではありません。しかし、何か議論をする際などに、自分が不利になる可能性が高そうなのに、強引に自分の得意なフィールドで議論をしようとすると、多くの場合、結果は好ましいものにはなりません。あえてそうした議論に誘導する相手もいますので、**自分の強い分野だから大丈夫、などと慢心せず、バランス良く全体を見ることが必要と言えるでしょう。**

2章

統計／データを用いた
意思決定に影響する
心理バイアス

数字過信

その数字、信じていいの?

定義▶ 数字を過度に信頼してしまうバイアス

　世の中には、数字を見たときにそれを懐疑的・批判的な視線で見る人と、そのまま受け入れる人がいます。**そして世の中に圧倒的に多いのは後者です。**

「数字があるということは、ちゃんと測定されたり、誰かが適切に計算したりしたにちがいない」
「数字は、感覚値や定性的なコメントに比べると、嘘をつかないから信用できる」

　しかしこれは間違いで、**「数字」はその気になれば、いくらでも都合のいいように作れる**というのが実状です。

　例として、新規事業を検討するにあたって潜在的な市場規模を見極めようとするとしましょう。もし推進側の人間が、それを大きく見せたいのであれば、何かしらの前提、たとえば「〇〇人当たりの想定使用率」や「年間使用回数」などを

図2 数字の効用と留意点

効用	留意点
• 比較がしやすい	• しばしば恣意性が入るが、それに気づきにくい
• 具体性があり、イメージを喚起しやすい	• ミスがあってもなかなか検証されない
• インパクトを持ちやすい	• ときおり数字の独り歩きが起きる
• 万国共通で通じる	

少し高めに見積もれば、数字は大きくなります。複数のものを掛け算すれば、その効果はさらに大きくなります。

　また通常、複数の識者が何かしらの数字をそれぞれ独自に算出していることも多いものです。その中で潜在市場を最も大きめに予測している数字を持ってくれば、「このような意見がある」ということで、先の計算に一定の妥当性を与えることができます。

　昔から「数字は嘘をつかないが、嘘つきは数字を使う」などという言い回しもありました。常日頃から多面的に数字に対する感性を磨いておかないと、いいように出し抜かれてしまうこともあるのです。

少数の法則

そのデータ数で
正しいことが言えますか?

定義▶ 統計上、必要となるデータ数がないにもかかわらず、
それで判断しようとするバイアス

　これは統計学でいう**「大数の法則」**を逆に表現したものです。大数の法則は、サンプル数が多くなればなるほど、全体の実態に近づいていくというものです。統計学が重要な意味を持つ保険業などでは当然の前提として用いられています。

　たとえばサンプル数をランダムに1000人も取れば、日本人1億2千万人の全体像をほぼ反映したサンプルと言えるでしょう（図3参照）。よく、テレビの視聴率のサンプリングで、「関東900世帯、関西600世帯は少なすぎる。これでは全体を測定していることにはならない」などの意見を言う人がいますが、これは統計学を理解していない人の典型的コメントです。たしかにサンプル数を増やした方がより精度が上がるのは間違いありませんが、費用対効果には見合わないのです。そこで、費用対効果も高く、実態と大きなずれがない900や600世帯という数字が用いられているのです。

図3 必要なサンプル数

■母平均推定の場合

$$n = \cfrac{N}{\left(\cfrac{\varepsilon}{\mu(\alpha)}\right)^2 \cfrac{n-1}{\sigma^2} + 1}$$

■母比率推定の場合

$$n = \cfrac{N}{\left(\cfrac{\varepsilon}{\mu(\alpha)}\right)^2 \cfrac{N-1}{p(1-p)} + 1}$$

n：必要標本数
$100-\alpha$：信頼度
$\mu(\alpha)$：上記信頼度を実現する正規分布の値
N：母集団の大きさ
σ^2：母分散
ε：精度（区間推定における上下幅）
p：母比率

注：σ^2やpは通常未知であり、過去の類似の調査から推定する場合が多い

95%の信頼度で上下3%の精度で母比率を求めるのに必要なサンプル数	
成人人口	必要サンプル数
10人	10人
100人	87人
1000人	406人
1万人	639人
10万人	678人
100万人	682人
1000万人	683人

注：もともと想定される母比率は20%程度と推定されているものとする

　一方で、統計学を理解していないと、少なすぎるサンプルから結論を導くミスをしてしまいます。元々の全体数が少なければ仕方のない場合もありますが、**全体数が多いにもかかわらず、少ないサンプルで判断すると問題が生じます。**筆者の経験で言えば、さすがにサンプル数が1ケタで結論を出そうとすれば「それってサンプルが少なすぎない？」と気がつくのですが、サンプルが100になると、「3ケタだからまあ十分かな」と思う人が増えるようです。100という数字は何か魔法のようなものがあるようです。**実際には、全体の数が十分に多いならば、300のサンプルは欲しいと言われます。**そうした感度がないと、不正確な調査に騙されやすくなってしまうのです。**調査を見たら、サンプル数（n）を気にする習慣が必要です。**

生存バイアス

成功者の話は
本当に役に立つか

定義▶ 成功した人は、実はかなり極端なサンプルであり、
成功していない人々に比べても圧倒的に少ないことを
見逃してしまうというバイアス

　投資サイトや投資雑誌を見ていると、「私はこれで成功した」という話がたくさん紹介されています。それを真似て自分も一攫千金を狙おうとする人は少なくありませんが、実はこれはあまり好ましい発想とは言えません。特に FX のようなマイナスサム（全員のリターンを合計すると、手数料の分だけマイナスになる）の投資については、これが強く当てはまります。

　ここでの重要な錯覚は、サイトや雑誌が紹介するのは、多くの負けた人の話ではなく、数少ない成功者の話だという点です。仮に投資家100人のうち、99人がトータルマイナスだとしても、1人はプラスの人がいるわけなので、その人のことを大々的に取り上げれば、それに関心を持つ人が現れるというわけです。これはセールスで実際によく用いられる手段です。

　似たようなことが生じるのがベンチャー起業家の話です。

もちろん、ある程度成功確率を高めるような、体系化されたノウハウは確かにあります。しかし、数人のベンチャー起業家の話を聞いて、「自分もそのようにやれば成功できるかも」と考えるのは、やはりまずいのです。

たとえば、3人の成功した起業家の話を聞いて、皆が朝食を食べていたからといって、朝食をちゃんととれば成功確率が上がるかといえばそんなことはありません。正確を期すのであれば、失敗した起業家の調査も行い、また成功した起業家のサンプル数ももう少し増やした上で、そこに有意な差があるかを丁寧に分析する必要があるのです。

人間というものは成功者に目が行きがちなものです。そして、成功しなかった人との比較をするのではなく、成功者の共通点に着目する癖があります。しかしこれがありがちなミスなのです。

1990年代にヒットしたビジネス書『ビジョナリーカンパニー』も同じ罠に陥ったと言われています。一見妥当なことが書かれているようで、実は**生存バイアス**に嵌っていたとされます。

成功者に学ぶこと自体が悪いわけではありませんが、彼らはあくまで一握りの特殊な（時には偶然の産物とも言える）存在であることを意識しないと、都合よくそれを利用したセールストークなどに騙されやすくなるのです。

ギャンブラーの誤謬

勘より確率

定義▶ 根拠のない勘を本来用いるべき確率よりも
優先させてしまうバイアス

　仮にあなたがコインを用いたギャンブルをするとします。コインは精密に作られており、**裏と表が出る確率はそれぞれ50％であることが分かっています。**さて、最近10回は以下のような結果が出ていたとしたら、あなたは次にどちらに賭けるでしょうか？　（表を〇、裏を●で示す）

〇〇〇〇〇〇〇〇〇〇

　これは悩む人が多いかもしれません。イカサマがない限り、このようなことが起こる確率は2の10乗で1024回に1回程度です。もし次も表だとしたらそれは2048回に1回、さらにその次も表だとすると、4096回に1回の非常に珍しい事態になってしまいます。

　そこで、そろそろ裏が出るはずと考え、裏に賭ける人も多いかもしれません。しかしこれは間違いです。**コインが正確**

でさえあるならば、どのような場面であっても常に50／50の確率で表か裏が出ますので、過去の結果に引っ張られてしまい、どちらかを選ぶのはナンセンスなのです。

　こうしたことは実際のビジネスでもよく起こります。コイン投げほど正確に確率が決まるケースはなかなかありませんが、ある程度確率論が当てはまるはずなのに（例：保険業）**たまたまそこからズレることが続くと、「もう今度はイレギュラーなことは起こらないのでは」と根拠もなく本来の確率を忘れてしまう人が少なくないのです。**

　ちなみに、なまじ**確率を正しく理解している人は、ランダムを装うのが苦手**という側面もあります。たとえば、下記は機械でコインの裏表をランダムに出したものと、人間が作為的にランダムにしたものを混ぜたものです。どちらが人間のものか分かりますか？

　答えは下の方です。機械でランダム化すると、局所的にはかなり特定の面が集中的に出るのですが、人間は、それは気持ち悪いため、かなり狭い範囲で半々くらいの割合にしてしまうのです。テストなどの作成者が気を付けたい落とし穴です。

ベイズ確率

確率は変化する

定義▶ 観察結果によって、どんどん変わっていく確率。
「主観の確率」とも言われる

ベイズ確率は、前頁で説明したような通常の確率論とは異なるため、多くの人が錯覚に陥ります。

ギャンブラーの誤謬のケースでは、コインが正確に作られている限り、表と裏が出る確率は常に2分の1でした。また、保険で用いられている死亡率なども、急に変化することはありません。では次の例はどうでしょうか?

「ある地域の産科では、今年になって産まれた5人の赤ちゃんがすべて女の子でした。明日、また新生児が誕生する予定です。さて、その子の性別は男女どちらである確率が高そうでしょうか?」

一見、先の例と同様、男女半々に思えます(実際には、生物学的に多少男児の生まれる確率が高いのですが、ここではいったん半々とします)。しかし、ベイズ確率の発想では「この地域は何らかの要因(ホルモンなど)で女の子が生ま

れる確率が高いようだ。よって明日生まれる新生児も女の子の確率が高い」と考えるのです。

他によく用いられる例は、「次にやってくる人の属性」です。たとえばある町で、最初にすれ違った数人がすべて50歳以上に見えたとします。次にすれ違う人は、見た目で50歳以上でしょうかそれとも50歳未満でしょうか？　おそらく多くの人は「この町は高齢者が多いようだ。次に会うのも50歳以上の人だろう」と考えるのではないでしょうか。

このように、**ベイズ確率は、シンプルに言えば、主観の確率です。**つまり、精緻に作られたコインの裏表が理論的に半々で出るのに対し、**実際の出来事や観察結果に従い、その確率（厳密に言えば、確率に関する見込み）がどんどん変化していく**のです。

最初の赤ちゃんの例は、1人目の女の子だけだったら、「次も女の子だろう」とは思わないでしょう。しかし、それが4人、5人と続くうちに「偶然ではない理由があるのだろう」という仮説が生まれ、主観的な確率がどんどん変わっていくのです。

ちなみに、**ビジネスにおいては、一般的な確率よりもベイズ確率の方が適切なシーンが多々あります。**自ら適切に情報を集め、適切な観測と仮説構築・検証をしないと、誤った結論に至る可能性が高まってしまうのです。

リンダ問題

事実は直感に反する

定義▶ 特殊な状況の方が、蓋然性が高いように思えてしまう錯覚

まず、以下の会話のどこに問題があるか考えてください。

「最近、うちの会社に応募してきたＡ君だけど、やたら元気な人間だったね」

「確かにそうでしたね。学生時代は、体育会系、趣味系含め、いくつものサークルを主催していたそうです。頭もいいし、社交的な感じですよね。大きな欠点もないので、採用は問題ないと思います」

「採用したら、彼は10年後何をしているかな」

「まあ、最もイメージしやすいのは、営業で頑張っているという感じでしょうか」

「僕は単に営業で頑張っているというより、営業担当者の中でも結構トップグループにいる可能性の方が高いと思うな」

一見、普通の会話のように聞こえますが、**数学的に改めて考えてみると、「営業で頑張っている。なおかつトップグ**

ループにいる」ことは、「営業で頑張っている」ということの部分集合（一部）ですから、そちらの方が確率が高いことはありえません。しかし人間は、なんとなく後者の方の確率を過大に評価してしまうのです。

これを示すためによく用いられるのがリンダという女性の例です。構造は先のものと基本的に同じです。

リンダは31歳の独身女性。非常に知的で、はっきりものを言う。大学時代は哲学を専攻しており、学生の頃は社会主義と差別問題に関する活動に深く関わり、核兵器反対のデモにも参加したことがある。さて、リンダのいまを推測する場合、可能性が高いのはどっち？

- 彼女は銀行員である
- 彼女は銀行員で、女性運動で活動している

これも後者は前者の部分集合ですから、当然、確率としては前者の方が高いはずですが、多くの人は後者の確率が高いと錯覚してしまいます。筆者がある生産財メーカーで技術者対象の研修をしたとき、この事例を出してみたことがあるのですが、数学的素養の強いはずの彼らでさえ、半数近くが間違った方を選んでしまいました。「何に対する何の比率か」ということは意外に錯覚しやすく、誤魔化されやすいのです。

直線本能

「昨日までと同じスピードで変化する」は誤解

定義▶ 実は物事は線形（リニア）には変化しないにもかかわらず、直線的に変わっていくものだと思いこんでしまうこと

　人間は急激な変化をあまり好まない動物です。そうしたこともあってか、たとえば今年まで「1、3、5」と変化してきたものがあれば、翌年は7くらいになると考えがちです。その方が計画も立てやすいですし、変化への対応も楽ですから、ある意味自然な発想です。

　一方で、世の中がそのような線形（リニア）の変化ばかりかといえばそんなことはありません。**むしろ、ITが進化するにしたがって、線形ではなく、指数関数的（エクスポネンシャル）に物事が変化することが増えてきました。**

　図4は物事のコストの下落を示したものですが、ここに示したものはどれも、「1年経ったら前の年の数分の1」というペースで下がっていったものばかりです。

　なぜこのようなことが起こるかと言えば、その大きな理由

図4　劇的なコスト低減

	一定の性能にかかるコスト	性能の向上
3Dプリンティング	4万ドル（2007年） から100ドル（2014年）へ	7年間で400倍
産業用ロボット	50万ドル（2008年） から2万2000ドル（2013年）へ	5年間で23倍
ドローン	10万ドル（2007年） から700ドル（2013年）へ	6年間で142倍
太陽光発電	1キロワット時あたり30ドル（1984年） から0.16ドル（2014年）へ	20年間で200倍
センサー （3Dライダーセンサー）	2万ドル（2009年） から79ドル（2014年）へ	5年間で250倍
バイオテクノロジー （人間ひとりのDNA解析）	1000万ドル（2007年） から1000ドル（2014年）へ	7年間で1万倍
ニューロテクノロジー （BCI［訳注1］デバイス）	4000ドル（2006年） から90ドル（2011年）へ	5年間で44倍
医療 （フルボディスキャン）	1万ドル（2000年） から500ドル（2014年）へ	14年間で20倍

訳注1：ブレイン・コンピューター・インターフェース
出典：『シンギュラリティ大学が教える　飛躍する方法』サリム・イスマイル他著、日経BP

となっているのは、ITの基盤となる半導体の性能が**「ムーアの法則」**に則って指数関数的に増加していくからです。事実、いまやスマートフォン1台の計算能力が、人間を月に送りだしたアポロ計画の頃の誘導コンピュータの計算能力全体を超えているとも言われています。

　最近重視されているプラットフォーム型のビジネスは、ネットワーク効果で指数関数的に成長しており、そこで生まれる情報等もそれに伴って増えている側面もあります。IT時代、インターネット時代以前の感覚の人の将来予測を信じることは、現代では時代に乗り遅れることを意味しかねないのです。

「自分は普通」効果

「自分は平均」と 思い込みがち

定義▶ 自分自身の感覚が 世の中の「当たり前」と同じと見なす錯覚

　人間というものは何かについて考える際、たとえばある数字が大きいか小さいかなどを考える際に、何かしら拠り所を求めるものです。その最も身近なものは自分自身です。そして、**多くの人は、自分は平均的、あるいは標準的なものと思い込んで何かを評価する癖があります。**特に、それほど統計的な調査がなされていない数字についてはその傾向が強くなります。

　たとえばビジネスウーマンの朝のお化粧の時間はどのくらいでしょうか？　ものすごく長い、あるいは短いという自覚がない人は、自分は標準程度ではないかと思い、それと比較して数字の大小を判断しようとするでしょう。

　あるいは、一般の男性ビジネスマンが朝歯磨きや洗顔に使う時間はどの程度でしょうか？　これもその気になれば調査データはあるかもしれませんが、多くの人にとってはそれほど関心を向けるような数字ではありません。そこで、自分を

基準に「まあこれくらいかな」と考えてしまうのです（ちなみに、人間が気になる数字の代表はお金（貯金や給与など）に関することと、性に関することです。ただし、後者は自己申告に頼らざるを得ず、正確な数字が取りにくく、また見栄から数字が盛られることがあるので鵜呑みにはできません。

　ビジネスの現場でも**「自分が普通」効果**はしばしば顔を出します。本来はちょっとでもいいので調査した方がいいようなことでも、時間がなかったり面倒になると、自分を基準に「想定ですが、これくらいと思われます」と言ってしまうのです。聞いている方も同じような感覚だと、それが組織の中でまかり通ってしまうことになります。**「これくらいが普通だよね」という一言には罠が潜んでいる可能性が高いのです。**

正規分布バイアス

「平均値」と「中央値」は違う

定義▶ 物事の分布を勝手に正規分布と思いこむ傾向

正規分布とは、図5に示したような左右対称の釣鐘状の確率分布を指します。 統計学的に扱いやすい（例：平均から±1σの範囲に収まるものが全体の約68％、±2σの範囲に収まるものが約95％になるなど。σは標準偏差）ことから、多くの場面で用いられていますし、実際にこのような分布になる事例は少なくありません。

たとえば、同じ民族の同世代の同性の身長は概ね正規分布に沿った分布になりますし、工業製品の規格からのズレ（たとえばネジの半径を5mmで作ろうとしたときの、実物との差）も概ね正規分布になります。TQC（トータルクオリティコントロール）などがスムーズに行えるのも、**多くの工業製品のバラつきが正規分布に従うことが推定されるからです。**

このように**正規分布は人間にとって非常に馴染み深いものですが、**実際には正規分布しないにもかかわらず、正規分布

図5 正規分布

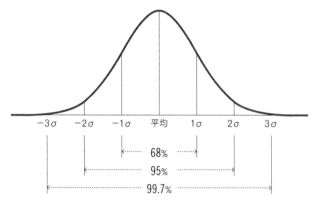

注：σは標準偏差。SD（Standard Deviation）とも表記する

を前提にすると間違った判断をすることになります。 たとえば年収などは左側（小さい側）にピークがある分布になり、平均値が中央値（順番で真ん中の数値）よりも100万円多い、などということがざらに起こります。それにもかかわらず、**正規分布をイメージして「あなたは平均より100万円低いですよ。対策が必要ですよ」などと言われると、人間は非常に動揺してしまうのです。**

　他にも、ファイナンスでオプションの価格を算出するブラック - ショールズの式は、価格の対数が正規分布することを前提にしていますが、厳密にはそのような分布はしていません。それにもかかわらず、簡便版としていまだにブラック - ショールズの式が用いられることも多々あり、そのことを忘れた金融関係者がときおり痛い目に遭うのです。

ブラックスワン・バイアス

極端な出来事は
意外と起きる

定義▶ 確率が極めて小さい事象について、
過度にその確率を小さく見積もる傾向

　ブラックスワンは文字通り「黒い白鳥」のことで、「そのようなものは存在しない、あるいは極めて低い確率でしか存在しえない（起こらない）」と思われているもののことを指します。

　ブラックスワンが大きな問題になるのは、金融業界や自然災害です。たとえば金融業界では、リスクとは平均からのバラつきのことをさし、基本的に正規分布の世界を前提にしています（64P 参照）。このような世界では、リーマンショッククラスの悲劇は、数十年あるいは100年に 1 回起こるかどうかという計算結果になります。

　しかし現実の金融の世界では、100年に 1 回も起こらないはずのことが、もっと頻度が高く起きてしまっています。

　つまり図6に示したように、**極端な出来事は、正規分布以上に実際によく発生するのです。**その正確なメカニズムについては原因が多岐にわたり、また不明な部分も多いため一概には言えませんが、経済や自然現象といった、複雑な要素が

図6 ブラックスワン

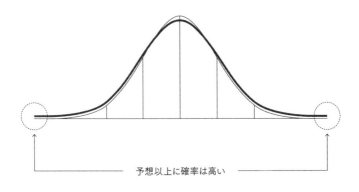

予想以上に確率は高い

さまざまに絡み合っている世界では、工業製品を作るときのような単純な正規分布にはならないのです。

これを見落とすとどうなるでしょうか？　自然災害であれば、本来取られるべき施策が取られなかったり、必要な予算が低めに抑えられたりします。

実際にめったに起きないこと（例：東日本大震災など）をどの程度見込んで対策を立てておくかの判断は非常に難しいものがあります。しかし**経済や自然災害など、複雑系（相互に関連する複数の要因が合わさって全体としての挙動につながる系）の世界では、ブラックスワンは予想よりも多いという前提で用意しておかないと、足をすくわれかねないのです。**「そんなこと、生きている間に起こりやしないよ」と、根拠のない楽観を真に受けると痛い目に遭いかねません。

例外の過大視

「例外」はあくまで「例外」

定義▶ 散布図の特に外れた異常値に過度に引っ張られて
間違った結論を引き出す傾向

　以下のような会話を聞かれたことはないでしょうか。

「大学に行っても高卒よりも仕事ができない人はいくらで
もいるから、大学に行く意味はない」
「東大を出ても仕事ができない人はいくらでもいるから、わ
ざわざ苦労して東大を目指す必要はない」
「お金があっても不幸せな人はいくらでもいるから、無理し
てお金を稼ぐ必要はない」

　それぞれ、言っていることの前半は間違いではありません。
しかしそれぞれの結論は間違っています。やはり大卒、さら
には東大卒の方がビジネスに限らず活躍できる可能性は増し
ますし、お金もないよりはある方が幸せを感じる可能性は高
いはずです。
　ここで陥っている錯覚は、図7からも明確でしょう。確か
にそれぞれのサンプルを見れば、大きく相関から外れたもの

図7 相関係数は1ではない

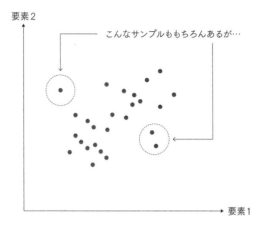

要素2

こんなサンプルももちろんあるが…

要素1

は存在します。**相関係数が完全な1の関係（○○の要素が大きいほど、確実に△△の数字も上がるという関係）は、人間という複雑な動物が関係する営みの中では普通はありえませんから、当然のことです。しかしその数少ないサンプルを根拠として物事を判断すると大きく間違ってしまうのです。**

　なぜこのような錯覚が起こるかについては、別のバイアスや心理も関連してきます。**ちやほやされている人間が気に食わない、あるいは自分の不遇な立場について何かしらの理由を付けて弁護したい（合理化の一種）などです。**

　それが無邪気なものなのか、他意があっての発言なのかは分かりませんが、**一部の極端な例を示されただけで相手の主張を鵜呑みにするのは禁物です。**

相関＝因果の錯覚

それって本当に因果関係?

定義▶ 相関関係を因果関係と錯覚する傾向

人間は理由を求める動物です。たとえば古代人は、雷が鳴ることについて、雷神という神様が暴れているものだとして理由をつけようとしました。

そのような**「理由や根拠がないと気持ち悪い」**という思考は現代人にも受け継がれています。その1つの現れが、**相関関係があるものを原因と考える発想です。**たとえば、図8に示したような高い相関関係が何かしら見つかると、要素2の原因は要素1に違いないとやや短絡的に結び付けてしまうのです。

短絡的な例で最も有名なのは、子どもの頃に海外旅行に行った回数と、学校の成績でしょうか。これは実際にグラフにすると、海外旅行に行った回数の多い子どもの方が学力が高いという観察結果が出るようです。ただ、常識的に考えれば、海外旅行に行ったからといって、学力にダイレクトに反映されるメカニズムを説明することはできないでしょう。

図8 高い相関関係

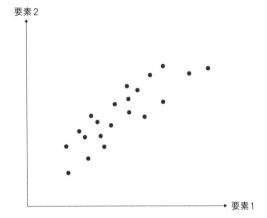

要素2

要素1

　このケースであれば、それぞれと相関のある第三因子があり、それが**疑似相関**となって表れたと見る方が妥当そうです。具体的には親の裕福度です。つまり、親が裕福な方が海外旅行に行く回数が多い、同時に、裕福な親は子どもに良い教育を受けさせる可能性が高いということです。

　企業でいえば、チームワークの良さと業績もそうです。直感的にはチームワークが良いから業績も上がることもありそうですが、業績が良いからこそギスギス感が減り、チームワークが良いように見える研究もあるようです。

　因果関係は重要な要素ではありますが、しっかり考えないと、的外れな結論を導きかねません。また他者からの「こうすればこうなるはず」という指摘も意外に誤っているケースは多いのです。

3章

変化やリスクについての
判断に影響する
心理バイアス

現状維持バイアス

人は変わることを嫌う

定義▶ 現状を維持したいと漫然と考える傾向

　人間は、よほど何とか変えなくてはならない、という強い動機がない場合に、「まあ、いまのままでいいか」と考えてしまう傾向があります。往々にして、企業においても、変革を妨げるバイアスになります。

　現状維持バイアスが起きる背景には、さまざまな人間の心理があります。その１つで、現状維持バイアスと関連してよく言及されるのが、80Pで詳説する「**授かり効果**」（「保有効果」とも言う）です。これは、**自分がすでに持っているものを高く評価し、それを失うことによる損失を強く意識しすぎて、手放したくないと考える傾向です。**

　引っ越しを例に考えてみましょう。人は、現在の住居や街への慣れや、そこで構築した人間関係、あるいは近所の店のポイントカードなど、現状を維持しないと失ってしまうものを過度に高く評価し、変化を避けたがるのです。

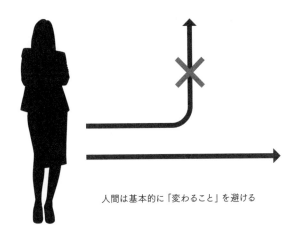

人間は基本的に「変わること」を避ける

　人間の面倒くさがりな特性も、現状維持バイアスや授かり効果と関連して言及されるバイアスです。これは、ちょっとしたことでもそれが重なると行動に移すのが面倒と考え、現状をそのまま維持しようとする性向です。

　この特性は、特に多くの人が絡み、説得などが必要になると急激に増す傾向があります。

　こうした人間の特性ゆえに、いざ会社で変革が必要という場合にも、抵抗勢力が生まれ、変革の邪魔をしがちなものです。特に、既存の仕組みや環境の中で利益を享受しているシニア層は、一般に強い現状維持バイアスを持ちます。

　そうした人々に対しては、単にしつこくコミュニケーションを続けるだけでは動いてもらえないことも多いのです。

「長く続いたものは良いもの」バイアス

「昔から続いている」から正しい?

定義▶ 歴史が長いものを無批判に受け入れる傾向

　これは読んで字のごとく、**長く続くものを無批判に受け入れる、あるいは長く続いているものはいいものに違いない（あるいはそれで問題はない）、わざわざ変える必要はないと考えてしまう傾向です。**

　日本で言えば、夫婦の名字の選択の例があります。法律上は夫婦どちらかの名字を選択することになっていますが、現実には圧倒的に女性の方が男性の名字に変更するケースが多数です。

　この習慣などは変わってもいいのではないかと個人的には思いますが、女性も含め、多くの人は「そこまでする必要もない」と考える結果、今も昔の慣行がほぼそのまま残っているのです。

　あるいは、全国高校野球選手権大会をNHKが全試合放映するという慣習も、考えてみれば不思議な話です。高校生の部活動は他にもありますし、ことさら野球部だけに公共放送

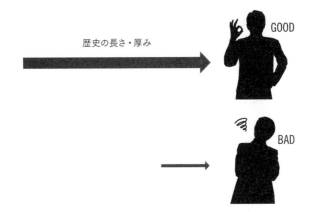

歴史の長さ・厚み

GOOD

BAD

伝統は信用を得やすい

がスポットライトを当てるのは不合理なはずです。

おそらく、組織内でも「そろそろ変えたら」という議論は
あるのでしょうが、「伝統だし、ニーズもあるから」と言わ
れてしまうと、そこで議論が止まってしまうのでしょう。

ちなみに、こうした根強い慣習（時には因習）を変えるに
は、強制力を働かせ、一気に変えてしまうのが一番手っ取り
早いのですが、そのためにはある程度力のあるトップのリー
ダーシップが必要になります。

言い方を変えれば、**そうした強制力を持つリーダーに「こ
のやり方は伝統もありますし、変える弊害の方が大きいです
よ」などと吹き込んで納得させれば、変更すべきものもその
まま続いていく可能性が増すのです。**

「慣れた道具」効果

「前の方が良かった」は
思い込み

定義▶ 多少非効率でも慣れたものの方がいいと感じる傾向

　人間は、新しいツール（システムや機器、方法論など）の方が効率が良いことは頭で理解しつつも、**古くから使っている慣れたツールにこだわる傾向があります。**たとえば電子計算機が登場したとき、そちらの方が慣れれば速いことは分かっていても、ソロバンを使い続ける人が多数いました。あるいはワープロが登場したときも、そちらの方が速く書けるのに、直筆にこだわる人は多数いました。

　組織の中でも、何か新しいツールへの変更があると（例：新しいITシステム）、しばらくは**「前の方が使い勝手が良かった」という声は一定数出てくるものです。**しばらくするとそうした声も収まるのですが、必ずぶつぶつ言う人は存在します。**通常、長い期間、前のツールに馴染んできた人ほどそうした傾向が強いのが一般的です。**

　これは、個人の日常生活の話であれば、本人さえ良ければ特に問題はないので、それほど困ることもないのですが、組

以前のツールに馴染んでいた人ほど
変化に抵抗を示す

織の問題となると組織の競争力そのものにも影響が出てきます。そして実際、そうした声が出やすい組織が存在します。

そのような組織では、新しいツールを導入しようとする担当者は、そうした声が出るのを鬱陶しく感じるため、新しいツールの導入をためらったりしてしまいます。

また通常、そうした組織では従業員が新しいツールを覚えるのを億劫がるため、しょっちゅう同じようなことを担当者に質問したりする傾向があります。それがまた、担当者が新しいツールを導入することを躊躇する要因になることも少なくありません。**新しいものにすぐに飛びつくことが良いわけではありませんが、古いものにこだわりすぎるのも困った話です。**

授かり効果

人は失うことを
過剰に嫌う

定義▶ あるものを得たときよりも失うときの痛みを
大きく感じる傾向

　74P でも紹介したように、**人は、自分がすでに持っているものを高く評価し、それを失うことによる損失を強く意識しすぎて、手放したくないと考えます。**交渉術などの教科書では必ず出てくる概念です。

　卑近な例で**「授かり効果」**が現れるのは、モノを捨てられず、溜めこんで部屋が窮屈になってしまうケースです。何年も読まない書籍や、数年着ていない洋服などは、本来さっさと捨ててしまう方がメリットは大きいはずです。**しかし、「捨てられない人」は、それを手放す損失を過大評価して、いつまでも手元に置いてしまうのです。**

　実は筆者もその傾向があり、サイズが合わなくなったジーンズなども「体型が戻ったときにまた使える」と考えてタンスの肥やしにしたり、数年読んでいない書籍も「どこかで必要になるかもしれない」と考え、そのまま保有してしまいがちです。

授かり効果の大きさについては、研究にもよりますが、あるものを手放す代償として受け取りを望む最小値（受け取り意思額）は、それを手に入れるために支払っていいと考える最大の値（支払い意思額）の約４倍から７倍程度、つまり、**同じものであっても、手放す際は手に入れる際の４倍から７倍の価値を感じるとされています**（この数字は論文によって多少変化します）。

　言い方を変えれば、**手に入れるのに苦労したものは、なかなか人は手放そうとしないのです。**たとえば、企業があるブランドを買収するのに多大な手間暇をかけたとします。そうすると、そのブランドの採算性が微妙になったときでも、「あれだけ苦労して手に入れたブランドを手放すのは惜しい」と考えるようになります。その結果、早期に止血しておけば良かった案件でも、対応が遅れ、無駄にダメージを被ってしまうということも起こるのです。

　あるいは、ある社員が非常に苦労して社内のあるポジションを勝ちとったとします。すると、そのポジションにより相応しい人が現れたり、あるいはそのポジションの必要性が小さくなったとしても、その人はそのポジションの必要性を声高に語ったり、自分こそが相応しいと熱弁してしまったりするのです。

　逆に言えば、**何かを手放すことに抵抗させるには「手に入れる際に苦労したよね」と吹き込めば、人はそれに固執しがちになるのです。**

サンクコストへの固執

「済んだ話」に
惑わされてはいけない

定義▶ すでにかけたお金や手間暇に固執し、
将来に向けた正しい意思決定ができなくなること

　サンクコストとは、過去にすでに発生してしまった、ある**いは過去の意思決定で発生することが不可避のコストのこと**を指します。たとえば何かのコンテンツを作成しようとして、これまでに外注業者に支払った金銭などがその典型です。サンクコストは、具体的な金銭を指すこともありますが、通常はより広義に用いられ、過去にかけた手間暇なども含みます。

　サンクコストは過去のコストであり、現在の意思決定によって変わるものではありませんから、本来、将来に関する意思決定には影響を与えるべきものではありません。

　たとえば、先述したコンテンツ作成ですが、もし出来が悪く、それを改善するのも難しいと判断すれば、それ以上コストをかけるのを止め、製作を止めるのが本来は賢明な判断となります。

　しかし多くの人間はそうした意思決定はできないものです。特にかけたお金や手間暇、あるいはエネルギーの総量が大き

ければ大きいほど、「ここまで手間暇をかけたのにいまさら中断するわけにはいかない。これまでの方針に従って前に進めよう」となりがちなのです。これはかなり優秀なビジネスパーソンでも陥る罠です。頭ではサンクコストだと分かっていても、過去の努力を無にしたくないという意識が働いてしまうのです。

そのようにして物事を進めてしまうと、**どんどんサンクコストは大きくなっていきます。その結果、ますます引き返すのが難しくなり、ダメージが拡大する**ことも少なくありません。

サンクコストへの固執はまた、将来が不確実な場合に大きくなりがちです。明らかにこのままではダメだと分かれば、まだしも方針の転換もしやすいのですが、**なまじ可能性があると、それを過度に高く評価してしまい、既存の路線に固執しがちになる**のです。

企業の人事考課や組織の文化も影響を与えます。「過去の戦犯」を探し出し、彼／彼女をマイナス評価するような組織では、サンクコストと割り切ることができず、そのままでは成功が難しいケースでも、過去の方針にこだわってしまうのです。逆に、**過去は過去と割り切り、常に前向きの正しい判断を良しとする会社では、サンクコストへのこだわりは軽減される傾向があります。**

プロスペクト理論

人は「期待値」通り
には動かない

定義 ▶ 人間は仮に同じ期待値であっても、
利益が確実に手に入る方を好むという傾向

以下のような実験を考えてみましょう。

①無条件で1000万円を得ることができる

②コインを投げて表が出れば2000万円を得ることができる
　　が、裏が出れば何も得られない

　多くの人はどちらを選ぶでしょうか？　おそらく圧倒的多
数の人は①を選ぶはずです。期待値を計算すると両方1000
万円という値が出ますが、**人は不確実性を嫌い、確実なもの
により高い価値を感じるのです。**では、以下の例ではいかが
でしょう。

①無条件で1000万円を得ることができる

②コインを投げて表が出れば3000万円を得ることができる
　　が、裏が出れば何も得られない

今度は明らかに②の方が期待値が1500万円と高いですから、数学的な計算に基づいて合理的な判断をするなら②を選ぶ人が多くなるはずです。しかし、筆者が実験的にアンケートを取った結果では、ほぼ9割以上の人が①を選びます。

　つまり、**価値は、計算された期待値の金額に単純には比例しないということです。**さらに条件を変えてみましょう。

①無条件で100万円を得ることができる
②コインを投げて表が出れば300万円を得ることができるが、裏が出れば何も得られない

　先の10分の1の額になりましたが、基本構造は同じです。しかしこのケースでは、①を選ぶ人が減り、②を選ぶ人が増えます。

　逆に、無条件で受け取れる額をたとえば10億円、コインを投げて表が出れば受け取れる額を30億円とすると、今度はまず間違いなく人は10億円を選びます。このくらいの金額になれば、一生遊んで暮らせるお金ですから、不確実なことにあえてチャレンジする人はいなくなるわけです。

　これを悪用することもできます。たとえば**何か新しいことをやりたくないときには、その失敗確率が高めに提示されたり、何もしなければ失うものもないなどと理由付けができれば、人は多少期待値が高くても、あえて不確実な方を選ばなくなるのです。**

損失回避

本当に「損」はダメか

定義▶ 損失 (マイナス) を嫌う傾向

　誰しも損失を好みません。**可能であれば損失を回避したいと願うのは人間の普遍的な心理ともいえます。**ただ、しばしばその意識が過剰すぎて、得られたはずのリターンを逃してしまう人が存在します。全員というわけではないのですが、ある程度存在します。

　ビジネスでは、ハイリスク・ハイリターンの原則が成り立つことが多いものです。つまり、**ある程度のリスク（ここでいうリスクは結果のバラつきの大きさを指します）を覚悟しないと、大きなリターンの可能性はない**ということです。

　金融商品でもこれは同様で、もしリスクのない（結果にバラつきがない）プラスのリターンを得たいなら、その投資先は日本の国債くらいしかありません。しかし、そのリターンたるや微々たるもので、「投資」とも言えないほどです。一方、個別の株式銘柄、特に中堅のベンチャー企業の株などは、損をすることもあれば、大儲けを期待できる可能性もありま

す。しかし、**損失回避志向の強い人は、大儲けの可能性よりも、損失を被る可能性を過度に大きく見積もってしまうのです。**ここでまた１つ実験を考えてみましょう。

①無条件で５万円を得ることができる
②コインを投げて表が出れば20万円を得ることができるが、裏が出れば１万円を支払わないといけない

　皆さんはどちらを選ぶでしょうか？　期待値は前者が５万円、後者が９万５千円です。筆者であれば文句なく後者ですが、損失回避の傾向の強い人は、１万円ですら、損をする可能性があるだけで、前者の方を選んでしまうのです（この実験には前項のプロスペクト理論の効果も含まれています）。人にもよりますが、後者の期待値が15万円や20万円にならないと後者を選ばない方もいるでしょう。

　もちろん、リスク・リターンや損失の許容度に個人差があるのは当然であり、全員がリスクを好むような組織はまた考えものです。

　しかし、必要以上にマイナスの結果や失敗、あるいは恥をかくことなどを恐れていると、やはり突出した結果は残すことはできません。本来は、**短期のマイナスにのみ目を向けるのではなく、長期的な視点から物事を考える必要があるのです。**

楽観バイアス

「そのうち何とかなる」は
失敗の種

定義▶ 根拠なく、そのうち良くなると考えてしまう傾向。
あるいは、何か好ましくないことが起きていても、
自分には関係のないことと見なす傾向

　人間は好ましくない事態に直面したときに、「そのうち事態は好転するさ」あるいは「これは自分には関係がない」と考える傾向があります。 人による差はありますが、多くの人間はこのバイアスを持っています。このバイアスが生じる理由として指摘されるのは、あまり心配しすぎてもストレスがかかるだけなので、それを回避しようとする心理が自然に働くからといったことです。

　なお、より広い意味で言えば、24P で紹介した計画バイアスなども**楽観バイアス**の要素が含まれますが、ここでは、上述した、**ストレスを減らすために無意識に楽観的に見てしまうバイアス**にフォーカスして説明をします。

　楽観バイアスがビジネスで現れる場面に、業績が徐々に悪化しているケースがあります。業績が徐々に悪化しているということは、自社の製品・サービスの競争力がなくなったり、市場ニーズの変化に対応しきれていないことを通常は意味し

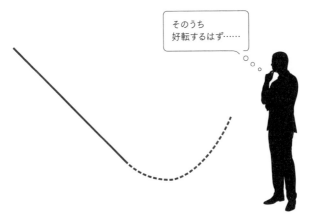

そのうち
好転するはず……

注：根拠のない好転期待をその形状から「ホッケースティック」と呼ぶこともある

ます。当然、何か手を打たなければ、業績は右肩下がりになってしまうはずです。**しかしそれでも、「特に何もしなくても、そのうち業績も好転するだろう」と考えてしまう人が一定数いるのです。**

　こう考えてしまう背景には、過去、そのように考えて何とかなった経験があることが多いです。たとえば、友人と喧嘩をして口も利かなくなったが、時間がそれを癒し、数年経ったらそこまでのわだかまりは消えてしまった、あるいは、体に多少痛みを感じたが、何もしなくても痛みは消えてしまったなどです。皆さんも何かしら思い当たることがあるはずです。こうしたことが**悪しき「成功体験」となり、楽観してはいけない場面でも楽観してしまう**という態度につながるのです。

不作為バイアス

失敗するより
何もしない方がいい?

定義▶ 何かやって失敗するより、何もしない方が責任を負わず、
非難されないと考える傾向

　**不作為とは、本来であれば何かしらの行動を起こした方が
いいときに何もしないことです。** たとえば1980年代に薬害
エイズ事件がありました。これは、HIV に感染した可能性の
ある外国由来の血液を原料にした血液製剤を、非加熱のまま
流通・使用したことにより、多くの血友病患者が HIV に感
染し、エイズで亡くなったという事件です。当時の厚生省に
は、「もっと早く手を打つべきだった」との非難が寄せられ
ましたが、不作為の罪は問うことが難しいですから、それに
よって起訴されながらも有罪になった官僚はごくわずかでし
た。このように**不作為でも罪を被ることがないのなら、何か
をやって目に見える形で失敗するより、何もしないでおこう
という発想に至るのは決して不自然ではありません。**

　航空機に乗り合わせた医師が、専門外だからといって急病
人の診断を断るのも似たような構造です。ちなみに、法律に
は**「よきサマリア人の法」**という概念があります。これは、

緊急事態で人を救うために善意の行動を取った場合、適切な行動を取ったのなら、結果が好ましくなくても責任を問われないという法のことですが、日本では立法化されていません。

　ビジネスにおいては、経営陣に近くなるほど、「あのときこうすべきだった」との批判を浴びることは多くなります。たとえば2018年に時価総額世界1位に返り咲いたマイクロソフトも、2000年代にはSNS事業を行わなかったこと、スマートフォンのOSを作らなかったことなどが非難されました（後者については、創業者のビル・ゲイツも人生最大の失敗と後悔しています）。

　ただ、そうした外部からの批判は通常、後講釈（結果論）ですから、迫力は弱くなるのが普通です。一般に後講釈で批判する人は尊敬を受けませんから、そうした人々に非難されたからといって、それほど気にしなくてもいいとするメンタリティは存在するのです。

　経営者ではない人間ではその傾向はさらに強くなります。「あのときこうしておくべきだった」と誰かに言われても、「後からでは何とでも言えますが、あの時点で先を見通すのは難しかったです」と言えば、それに対する反証を出すのは難しいものです。

　好んで非難を受けたがる人はいませんから、不作為の方がマシと考える人はあとを絶たないのです。

パラダイム固執

人は自分の世界観から
抜けられない

定義▶ パラダイムの変化を認められず、
既存のパラダイムで物事を合理化しようとする傾向

　**パラダイムとは、時代の思考を決める大きな枠組みのこと
です。**元々は科学史家のトーマス・クーンがより狭い専門分
野について定義したものですが、一般には上記のような捉え
方をされています。

　パラダイムが変わった最も有名な例の１つに、**天動説から
地動説への変化**があります。地動説が唱えられるまでは、多
くの人々は地球の周りを星（太陽を含む）が回っていると考
えていました。それが人間の日常見ている風景にも合致し、
理解しやすかったからです。

　ただ、天動説では、惑星が天球上で速さを変えたり、逆行
（一時期だけ逆に動くこと）することをうまく説明できませ
ん。それでも昔の人々は、何かしらの理屈をつけて天動説を
支持してきたのです。16世紀にはコペルニクスの天体観察
によって、それまでの天動説では説明できない事柄がさらに
多数発見されましたが、「月と地球を除く惑星が太陽の周り
を周回する系」が地球の周りを回っているという発展形の天

動説を唱えたりすることで、あくまで天動説にこだわろうとしたのです。現代人からすれば滑稽そのものですが、**人間が長年親しんだ世界観を変えるのはそれほど難しいのです。**

現代のビジネスシーンでも同様のことが起きています。たとえば戦後日本の成長は、人口増や輸出に支えられた成長を前提に、良いものをより安く作ることを戦略の中心にしてきました。そしてこのパラダイムに沿って、年功的人事制度などが機能してきました。

しかし現在、すでに国内は人口減のフェーズに入っていますし、輸出も新興国との競争がし烈で、かつてほど容易ではありません。単に良いものを作るのではなく、モノ作りを超えた新しいビジネスモデルの創出が求められるようになったのです。それを先取りしたアメリカの GAFA などの企業が巨万の富を創出する一方で、日本企業はそれに乗り遅れました。人事制度なども、年功制が残っている企業も少なくありません。グローバルではビジネスのパラダイムが変わったのに、多くの日本企業はそれについていけず、古いパラダイムの中で物事を解決しようとしてしまい、効率を落としているのです。

逆に言えば、**抜け目なく競合に先んじるのであれば、相手を古いパラダイムに囚われたままの状況にしておくよう誘導することが有効とも言えます。**たとえば、あえて古いビジネスの市場を譲り、相手をそこで儲けさせるなどです。

前提こそ疑え

定義▶ 何かを行う際、その前提はそう簡単には変わらないと
考えてしまう傾向

「前提不変バイアス」は前項のパラダイム固執に似ていますが、**より身近なさまざまな事柄について、前提は変わらないと思い込んでしまうバイアスです。**

たとえば、ある主力商品の売上が下がってきたとします。通常は何かしらの対策を取るのですが、原因にはさまざまなものが考えられます。たとえば顧客のニーズが変化した、ライバル商品が攻勢をかけてきた、チャネルが積極的に棚に置いてくれなくなった、自社の営業の効率が悪くなってきたなどです。

本来はモレなくこれらの原因を検討する方が好ましいのですが、通常それは難しいので、仮説を立てながら、可能性の高いものからつぶし込んでいくという方法が取られます。しかし、このとき、**往々にして特定の変化については、目をそむける癖が人間にはあるのです。**

たとえば、営業担当部長であれば、「自分の配下の営業部

| 前提 | ——そのまま受け入れる——→ |

| 前提 | ←———————————— |

「本当？　何かが違うような気がする」
「状況次第では当てはまらないのでは？」
「若い人には通じないのでは？」

等々

員はよく頑張っている。原因は他のところにあるのだろう」
と考えることがあります。この例では、**「責任を回避したい」
バイアス**と組み合わさるので、そうした傾向の強い人はます
ますこのバイアスに陥ってしまいます。

**　なぜ無批判に過去の前提を受け入れる人間が多いかと言え
ば、その方が楽だからです。だからこそ、クリエイティブな
やり方を生み出そうとする水平思考などでは「前提を疑うこ
と」「それまでの常識を疑うこと」が推奨され、苦労してそ
れを考えることに価値があるとされるのです。**

　ちょっとした苦労を厭(いと)うか否かが、後々、実は大きな差を
生むのです。

NIH（Not Invented Here）症候群

社外のものは
低く見て当然?

定義▶ （特に研究開発のスタッフが）社内で発明されていない
ものに拒否反応を示すこと

　　**NIHは「Not Invented Here」のことで、「ここで発明
されたものではない」という意味です。** NIH症候群は、特
に研究所などが、外部の発明に対して抵抗感を示すことを指
します。なお、営業担当者などは、売れさえすれば自社開発
商品にそこまでのこだわりはないことが多く、NIH症候群
にかかることはあまりありません。また、IT業界ではオー
プンソースが当たり前で、かつ人材の流動性が高いこともあ
り、あまりNIH症候群は起きていません。その意味で、
NIH症候群は、主に製造業の研究開発畑の人間に強く現わ
れるバイアスと言えるでしょう。

　このバイアスは昔からありましたが、最近、改めて注目を
浴びるようになってきました。その理由は、いわゆる**オープ
ンイノベーション**が加速してきたことにあります。
　オープンイノベーションとは、開発のシーズ（種となる技
術）を社内のみに求めるのではなく、外部企業から買ってき

「尊厳」で人は動く

たり、アライアンスなどを通じて共同で開発するなど広く求め、製品開発の成功確率の向上やコスト低減、スピードアップなどを図ることです。

オープンイノベーションは理想としては優れているのですが、開発現場のNIH症候群がしばしばそうした試みや変化を妨げる要因となります。

人間ですから、自分たち自身が開発したものよりも外部のものに社内の目が行くのは、プライドを傷つけられるものです。自分の存在意義を否定されたように感じることもあるでしょう。人間は、人と比べられたとき、下に評価されることを好みません。**どれだけ経営陣が旗を振っても、現場がNIH症候群を脱却するのは容易ではないのです。**

ゼノフォビア

多様性は反発を生む

定義▶ 外国人を嫌悪する心理

ゼノフォビアは古代ギリシア語に語源を持つとされます。そこからも分かるように、**人類は古くから、異なる人種の人々を時には恐れ、嫌悪してきました。**これは38Pで紹介した**類似者選好**の裏面とも言えます。人種にもよりますが、外国人は通常、肌の色や顔つきも違いますし、話す言語も異なります。考え方や文化も異なります。コミュニケーションが難しいこともあって、通常は親近感が湧きにくいのです。

もちろん、日本人の中には欧米の特に白人に好意を抱く人もいるといった例もありますが、必ずしも多くはありません。また通常は日本人が好意を抱きがちなアメリカの白人であっても、たとえば自社が買収されてアメリカ人社長がやってきたら、最初は恐れの感情を抱く人は多いでしょう。

こうした土壌があるところに過去の国家間の戦争や紛争、植民地化などの歴史が加わると、ゼノフォビアはさらに度を加えることになります。たとえばイラク人でアメリカ人を好

きという人は少ないでしょう。逆も同様です。日本でも、特定の国の人を好まない人は一定比率存在します。

ゼノフォビアは、ビジネス活動や組織がグローバル化する上で、いくつかの面で障害となりえます。たとえば、2019年夏に韓国との外交がこじれ、韓国で不買運動が起きたことなどは分かりやすい例です。あるいは、インバウンド消費をする外国人に、「外国人だから」といった理由で粗悪な商品を売り付けたら、長い目で見て日本全体のブランドイメージを下げてしまいます。

また、**多様性が重視される昨今、外国人をうまく受け入れることができないと、組織のダイバーシティを殺ぎ、クリエイティビティを減じることにもなります。**さらに、日本企業はただでさえ外国人が働きにくい、出世しにくいという評判がある中で、グローバルな人材獲得競争に負けてしまうことは、直接的にマイナスの影響をもたらします。

外国人を雇用せざるを得ない業界にとってもダメージとなりえます。すでに日本人の労働人口が減っているのは誰もが知ることですが、それを補うためには一定数の外国人労働者の受け入れは現実的に不可欠です。彼らが不快な思いをすることなく働ける環境を提供するためにも、**ゼノフォビアは日本人が是が非でも克服すべき心理的バリアと言えそうです。**

情報バイアス

情報を集めすぎると
意思決定ができない

定義▶ 必要以上に多くの情報を溜め込んでしまう傾向

　何かを意思決定する上で、情報が必要なのは間違いありません。**しかし、人間にはなぜか必要以上の情報を溜め込んでしまい、その結果、かえって意思決定の効率が落ちてしまうことがあります。**

　たとえば企業の M&A を考えてみましょう。誰が見ても明らかに適格／不適格が明確ならいいのですが、ちょっと微妙だと、もう少し情報を集めたくなるものです。そうすると、たとえばこんなことが起きます。

　ポジティブな情報は十分に集まったけれど、それだけで判断していいのか分からない。そこでネガティブな情報も集めてみた。すると、それもそれなりに集まってきた。そうなると後から慎重に集めたネガティブな情報の方が重要に思えてきてしまう。結果として、ポジティブな判断を下しづらかったので、今回は見送ることにした——。

情報の集めすぎに注意

　これは典型的な**「情報バイアス」**の可能性があります。もちろん、**必要な情報が全く欠けている段階で拙速に動くことは禁物ですが、情報は多ければいいというものでもありません。**むしろ、その過程にもよりますが、何かのはずみである特定の情報のみを重く見てしまい、バランスのいい意思決定ができないといったことが起こってしまうのです。

　実際、プロ野球のドラフトでも「選手を慎重に見極めようとした結果、むしろアラの方に目が行ってしまい、ドラフトするのは見送った。しかし、その選手は他球団で活躍してしまった」例がしばしばあるそうです。

　逆に言えば、**他人に意思決定を躊躇わせたいなら、「もっと情報が必要ではないか？」と問題提起すればいいわけです。**

アクション・バイアス

動けばいいわけではない

定義▶ 何もしていないように外から見えることを嫌い、
本来必要のない行為をしてしまうこと

　ここまでは人が動くべきときにそれを妨げるものを紹介してきました。一方で、**本来、あまり動かなくてもいいのに下手に動いてしまうこともあります。**本章の最後にその1つである**アクション・バイアス**をご紹介しましょう。

　アクション・バイアスの分かりやすい例として挙げられるのは、サッカーの試合のペナルティキック（PK）時のゴールキーパーの動きです。多くの人は、キッカーがボールを蹴るのとほぼ同時に、キーパーがゴールの右か左かに飛ぶのをご覧になったことがあるでしょう。

　相手が蹴るのを見てから行動を起こしてはボールを止められないので、一か八かに賭けざるを得ないのです。

　しかし実は、調査によると、最もキーパーにとって良い動きは、左右に飛ばず、真ん中で待つというものだったのです。しかしこうした調査があったにもかかわらず、キーパーは相

「動かない」が正解のときもある

変わらず左右に飛び続けています。その理由は、何もアクションを取らないのは労力を使っていないようで見栄えが悪いものなのです。

　これはビジネスでも起こりえます。状況にもよりますが、拙速に動くのではなく、もう少し状況を見極める方がいい場面も少なくはありません。しかしそうした場面であっても、**「何もしないのですか？」などと言われると人は焦るもので、何かアリバイ的な行動を取ろうとしてしまうのです。**企業に売り込みをかけるベンダーの立場であれば、「この緊急時に何もされないのですか？」などとうまく煽ると、相手が話に乗ってくれる可能性が増すことがあるのです。

4章

交渉／セールス／
プレゼンテーションに
影響する
心理バイアス

返報性

「貸し」を作るのは
効果的

定義▶ お返しをしないと気持ち悪いと感じるバイアス

　人間には、**他人に借りのある状態を好ましく思わず、それを解消したいという心理が強く働きます。**ロバート・B・チャルディーニの有名な著書『影響力の武器』でも、この心理は最も強く、抗しがたい心理メカニズムであるとされています。そして実際にこの心理を用いたテクニックがセールスや交渉術、組織行動学の書籍などでよく紹介されています。

　たとえば、将来的に誰かからのリターンを期待するなら、日々少しずつでもいいので何かしらの「貸し」を作っておくと効果的です。ここでは、貸し借りの「精算」は、必ずしもその大きさが釣り合っている必要がないというが１つのポイントです。**場合によっては、ちょっとした相手に対するサポートが、その数倍になって返ってくることもあるのです。**

　返報性のより厄介な特性は、実際には借りがなくても、「借りがある」と感じてさえいれば、お返しをしなくてはいけない心理が働くことです。

たとえば、Aさんがその働きを認められ昇進したとします。そのとき、先輩のBさんが「僕も上司にAさんのことを推薦しておいたから」などと言えば、たとえそれが嘘であっても、Aさんはそれを恩義に感じ「いつかこの借りは返さないといけない」と感じてしまうのです。架空の障害をでっちあげ、「私の方で話をつけておいたから」などと言うのも同様です。

交渉術の教科書に出てくる「ドア・イン・ザ・フェイス」というテクニックもあります。これはいったん過大な要求をし、拒否されたら、より妥当な（本来期待する落とし所に近い）要求を出し、それを認めさせるものです。以下のようなイメージです。

売り手「この中古車は優良なものですから、売価は500万円といったところでしょうか」

買い手「それは無理ですよ」

売り手「では清水の舞台から飛び降りたつもりで、400万円でどうでしょう」

買い手「（大幅に値引きしてくれたことだし、まあいいか）」

売り手「（これは期待通りの価格で売れそうだ）」

つまり、実際には400万円は適正な価格ではないのですが、買い手は「500万円から大幅に値下げしてくれた」ことに借りを感じ、購買という形で応えなくてはいけないと錯覚してしまったのです。

フレーミング

「伝え方」が9割

定義▶ 本質的には同じ事柄であっても、
枠付け（見せ方）の差によって違う印象を持ってしまう効果

　フレームとは枠のことであり、**フレーミングは、人の思考に何かしらの枠を設けさせることを意味します。**

　たとえば3万円のサービスを売ろうとする際、そのまま「3万円です」と見せるのと、「1日につき、（たったの）80円ちょっとです」と見せるのでは、後者の方がお得感を感じる人は多いでしょう。15万円くらいの多少高価な電子機器も、「毎日のスタバのコーヒーを我慢すれば買える額です」と言われれば、食指が伸びる方も多いはず。

　このように人間は、本質的には同じことであっても、フレーミングのされ方で感じ方は変わってくるのです。当然、**交渉術やセールスにおいては、相手が自分の条件を飲みやすいようにフレーミングすることがコツとなります。**

　他に**著名なフレーミングに、順序を変えたり、率と実数を変えたりというものがあります。**たとえばあるワクチンについて、以下の2つの表現があったとします。

「ワクチンとしての効果はほぼ100%保証されます。ただ、ごく稀に、10万人に1人程度の割合で、入院せざるを得ない副作用をもたらすことがあります」
「これまでに、全世界で1000人、入院騒ぎになる副作用がありました。しかしワクチンとしての効果はほぼ100%です」

　このケースであれば、前者を好む人の方が多そうです。**「10万人に1人」はかなり稀な他人事と感じられるのに対して、「1000人」という数字はそれなりに多いと感じられるからです。**

　ポジティブに言うかネガティブに言うかという差もあります。たとえば、あるプロジェクトの成功確率が40%程度と試算されたとします。そこで「イチローの打率よりはるかに高いじゃないか」と言えば、何となく行けそうな空気を感じられますが、「失敗する確率の方が1.5倍も高いのか」と言われれば、今度は成功しにくく感じるものです。

　ここに紹介した以外にも、立場を変えたり（例：顧客の立場から表現する）、数字の単位を変える、あるいは比較するものを変える（例：株の損失を年収と比較するのではなく、生涯賃金や総資産と比較する）など、**フレーミングのテクニックにはさまざまなものがあります。それをどう使いこなせるかが、他人を動かす力にも関係してくるのです。**

頭にこびりついた数字は
離れない

定義▶ 最初に相手が出してきた数字などに必要以上に惑わされ、
その近辺で物事を考えてしまう傾向

　　アンカーとは船の碇（いかり）のことを指します。船は、
碇をおろすと、その範囲の中でしか動けません。**アンカリン
グは、それによって限定される思考範囲を船の碇になぞらえ
たのです。**２Ｐで紹介したプライミング効果の１つでもあり
ます。

　　たとえば以下のような実験結果があります（実際に筆者が
行ったものです）。
　「南米のコロンビアの人口は7000万人より多いと思います
か、少ないと思いますか？」と二者択一の質問をします。そ
の後、「ではコロンビアの人口は何人くらいだと思います
か？　具体的に数字をあげてください」と聞きます。すると、
概ね平均で5〜6000万人程度の答えが返ってきます。
　　次に、別のグループに以下のように質問してみます。まず
は「コロンビアの人口は2000万人より多いと思いますか、
少ないと思いますか？」という二者択一の質問です。その上

で、先と同様、「ではコロンビアの人口は何人くらいだと思いますか？　具体的に数字をあげてください」と聞くのです。この場合、だいたい平均で3〜4000万人程度の答えが返ってきます。なお、実際のコロンビアの人口は、2016年でおよそ5000万人です。

この実験のポイントは、最終的に聞いている質問は同じでも、その前の質問に含まれている「7000万人」と「2000万人」という数字にアンカリングされ、人々の回答がその周辺に集まってしまうことです。

日本の人口のように、1億2000万人強という数字が知れ渡っている場合は別ですが、**人間はすぐには判断がつきかねるものについては、誰かが最初に出した数字などをベースに考えてしまうのです。**

これを交渉術に応用したのが、売り手であれば、**まずは落とし所よりかなり高い価格を提示する方法です。**観光地の民芸品のように**相場観がわからないものの場合、これは有効です。**たとえば本来の落とし所は日本円にして1000円程度であっても、最初に「5000円」などと言えば、相手は「落とし所は3000円程度かな」と考えてくれることを期待できるわけです。アンカリングが高すぎて相手が交渉のテーブルを離れてしまわない限り、**相場観の分かりにくいものについては、高いアンカリングが実際に高い妥結価格に結び付くのです。**

「切りのいい数字」選好

19.9％より20％の方がいい

定義▶ 特に根拠はなくても、
切りのいい数字で妥結してしまう傾向

　多くの人間は、特に交渉などの場では切りのいい数字の方を好む傾向があります。たとえばコンテンツのロイヤリティ（使用料）の取り決めで、相手に売上げの19.9％あるいは19.92％などと言われたらかなり気持ち悪く感じる人がほとんどでしょう。「だったら切りのいいところで20％にしませんか」と提案する人は多いはずです。

　あるいは割り勘の計算をして1人当たり3017円などになったら、「みんな3000円。足りない分は今回自分が出すから、次は誰かお願い」といった光景も日常的でしょう。

　人間が切りのいい数字を好む理由としては、覚えやすいことや、実務的にも計算の際に扱いやすいことなどがあるようです。

　切りのいい数字は人間が目標にしやすく、それを達成することに価値を感じやすい、という事情もあります。たとえば、

陸上の男子100M競走において、10秒01と10秒00の間の0.01秒と、10秒00と9秒99の間の0.01秒に、本質的な差はありません。しかし、多くの人間、特に短距離走者にとっては、後者の0.01秒の方がはるかに重要な意味を持つでしょう。それだけ「10秒」という、切りのいい目標数字をクリアすることが脳裏に刻み込まれているのです。

プロ野球選手の通算安打数2000本や通算勝利数200勝が1つの目標になり、それを達成することが勲章になるのも同様です。筆者の好きなNBA（北米のプロバスケットリーグ）でも、年間平均30得点や15リバウンド、10アシストなどは超一流の証になります。

なお、切りのいい数字と108Pで示したフレーミングがぶつかり、どちらが有利になるかが微妙になることもあります。
たとえばスーパーなどでは「298円」などの価格がよく見られますが、これは「300円台ではなく、200円台に見せたい」というフレーミングの一種で、実際に効果をあげています。一方で、ある実験では、切りのいい「100円」の値付けの方が「99円」より売上げが多かったという報告もあります。このように2つのバイアスがぶつかるときには、実験するなどして、どちらがより大きな影響をもたらすかを調べることも大切です。

ゼロサムバイアス

交渉の基本はWin-Win

定義▶ 勝つか負けるかしかないと思い込んでしまう傾向。
総量固定バイアスとも言う

　交渉術を勉強したことのある方なら、「Win-Win」あるい
は「Win-Win or No Deal」という言い回しを聞かれたこと
があるはずです。Win-Win とは、交渉をすることによって
お互いがより良い条件を手にすることであり、後者の言い回
しは、「Win-Win の妥結に至らないくらいなら、妥結しない
方がまだマシ」という意味です。

　**近年の交渉術では、交渉とは敵対的なものではなく、お互
いが Win-Win の状態になるよう、共に知恵を出しながら問
題解決をすること**と定義されることもあります。

　ただ、これは理想論としては美しいのですが、必ずしも多
くの方に理解されているわけではありません。**むしろ、「全
体のパイは一定であり、相手が得をすることは、自分が失う
のと同じことだ」と考える人が少なくないのです。**

　人間が**ゼロサムバイアス**に陥る理由にはいくつかあります。
第一に、実際にそうした交渉シーンが少なくないということ

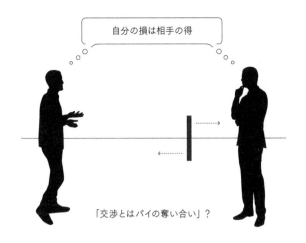

自分の損は相手の得

「交渉とはパイの奪い合い」？

です。たとえば海外の露店でのお土産の購入は、価格以外に
ほとんど交渉の余地がありません（数量が絡む場合もありま
すが、１個しかそのお土産を買わないシーンも多いでしょ
う）。このシーンでは、自分が譲ることは相手の利益を増や
すだけになってしまいます。それは通常、癪なものです。こ
うした交渉に慣れた結果、「交渉とはパイの奪い合い」とい
う意識が強くなってしまうのです。

　第二に、相手が友好的な交渉はそうでもないのですが、交
渉は往々にして敵対的な相手や、**自分が気に入らない相手と
も行わなくてはならないものです。そうしたケースで、相手
がメリットを得ることは、自分にとっては嬉しくないのです。**
それゆえ、本来 Win-Win の可能性があってもそれをみすみ
す逃してしまいがちになります。

順位の罠

その「第2位」に
意味はあるか

定義▶ 順位の付け方によって判断を誤ってしまう傾向

　人間はいろいろなシーンで「順位」を気にする動物です。
雑誌やウェブでランキングの記事が好まれるのも、そうした
人間の傾向によります。**中には、この順位をうまく活用して
自分たちに有利にしようとする人たちもいます。**

　たとえばある企業が、売上も市場シェアも昨年と同じであ
るのに、すぐ上の競合の売上が下がったので、「業界シェア
が3位から2位に上がりました」などと言うケースはその分
かりやすい例です。

　定義を自分たちに都合のいいようにすることで順位を上げ
るケースもあります。たとえばかつてキリンビールは、アサ
ヒビールにビールのシェアで追い抜かれた際「発泡酒なども
含めたビール類ではシェアナンバー1」と謳うことがありま
した。1位と2位では消費者の受けるイメージも大きく違う
ので、キリンはそれを利用しようとしたのです（長年、ビー

ル業界でトップだったプライドが、2位に甘んじることを許さない側面もありました)。

　順位を前面に出すことで、絶対数の大きな差を隠そうとするやり方もあります。たとえば、「業界2位です」と言われれば、その業界では有力な企業と思う人が多いでしょう。しかしよくよく聞いてみると、トップが8割程度のシェアを握るガリバーで、2位以下は混戦ということがあったりします。そうなると、実はこの会社は数ある中堅業者の1つにすぎないということが見落とされるのです。

　ここまで極端でなくても、一般的に、1位と2位の差は、2位と3位の差よりも大きいですし、2位と3位の差も、3位と4位の差より大きいのが通常です(実際に身の回りのもので確認してください)。**つまり、下の順位になるほどドングリの背比べになりやすいのです。**そうしたことを理解しないで順位のみ過剰に評価することは好ましくはありません。

　108Pで紹介したフレーミングと組み合わせることもあります。たとえば「人口第10位」と「人口密度10位」では大きく顔ぶれは変わります。「医学部合格者数」と「生徒当たりの医学部合格率」も通常は異なります。受験予備校であれば、当然都合のいい数字をより前面に打ち出すわけです。

　順位は身近な数字ですが、そこには落とし穴も潜んでいるのです。

デコイ効果

「おとり」に騙されるな

定義▶ おとりとなるものに影響され、判断を誤る傾向

デコイとは「おとり」の意味で、スポーツなどでもよく用いられる用語です。**セールスやマーケティングでも、このデコイを用いて顧客の意思決定を自分たちに都合のいいものにしようとする例は少なくありません。**

最も単純な例は、客寄せに本来売る気のない商品や物件を提示しておくというものです。たとえば不動産業者が、非常に好ましい物件を提示し、実際に顧客が「これを現地で見たいんだけど」と言うと、「それはもう先約があって難しいんですよ。こちらの案件はいかがですか。立地なども近いですよ」と別の物件を薦めるやり方です。

前項で示した**「順位の罠」**と組み合わせるケースもあります。たとえば図9に示したようなものです。

売り手としては、1万円の品を最も重点的に売りたいと考えています。しかし、仮に7000円の廉価版と、1万円のフル装備版しかなかったら、かなりの人間は廉価版の方に流れ

図9 デコイ効果

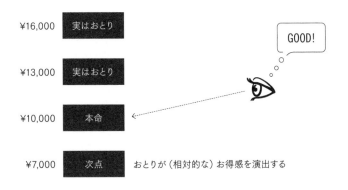

¥16,000　実はおとり

¥13,000　実はおとり

¥10,000　本命　　　GOOD!

¥7,000　次点　　おとりが（相対的な）お得感を演出する

てしまうでしょう。7000円のものと1万円のもののみを比較し、どちらがお得感があるかを考えるからです。これでは売り手としては面白くありません。

　そこで、最初からあまり売る気のない1万3000円のスペシャル版と1万6000円のゴールド版をあえて用意するのです。多少の付加サービスはありますが、ほとんどのユーザーには標準版のもので間に合うので、「売れたら儲けもの」程度のものです。

　それ以上に重要なのは、この2つの製品ラインを加えることで、最も売りたい標準版が、4つのうちで2番目に安いものに見えてしまうことです。**「2つしかない選択肢で高い方」と「4つの選択肢で2番目に安いもの」では、実態は同じでも、後者の方が割安に見えてしまうわけです。**

幸せ効果

脳は混同しがち

定義 ▶ 食事などしながら会話すると、脳が気持ちよさを錯覚し、相手に好意を覚えたりする傾向

　人間の脳は意外にアバウトにできており、記憶や感じ方が**混乱する**ことがよくあります（記憶の混乱のバイアスについては、174P や 176P などで再度取り上げます）。そしてそれがセールスなどで活用されることがあります。**その最も典型的な応用例が、食事をしながらの商談です。**

　通常、商談で用いる店は一定のレベル以上であるため、トラブルがなければ美味しい料理を食べることができ、脳が幸福感を感じます。すると、**その幸せ感を相手や商談の内容そのものの好ましさと錯覚してしまい、ポジティブに進めようとする傾向が高まるのです。**

　初めて人と知り合うときに、パーティの場などで紹介されると、良いイメージを抱きがちになるのも同様です。あるいは、リゾート地で楽しんでいるときに出会った異性が、いざ街に戻ってから会うと、それほど魅力的に感じないのも同様の理屈です。かつてスキーが流行っていた頃、スキー場で出

料理が美味しいと相手に好意を覚える

会った相手に街で改めて会うと、魅力度は３割減になるなどと言われたものです。

　新規プロジェクトを進めるときや、中立派を味方にするときにもこのテクニックは使えます。たとえばテーマパークに関する新規プロジェクトであれば、視察の名目で楽しそうなテーマパークに実際に連れていくわけです。そこでテーマパークの楽しさを存分に味わってもらい、「我々がやろうとしているのもこんなことなんですよ。これで多くの人に楽しんでほしいんです」などと言えば、中立派の人もそのプロジェクト計画を好意的な目で見るようになるのです。コンサルタントなども、クライアントのキーパーソンを口説くときにはこうしたテクニックを用いる人がいます。

人は同情に弱い

定義▶ ロジックではなく、同情で動いてしまう傾向

**人間は感情の動物です。そしてときにそれが強く出て、ロ
ジックを大きく上回る場合があります。**たとえば相手をかわ
いそうに思ったり、同情したりするときなどです（それ以上
にパワフルな感情は怒りや恨みですが、その話はいったん措
いておきます）。以下の例を見てみましょう。

A：「さすがに今回はCさんのミスは庇いきれないな。前も数
　　回同じことをしたし、会社に与える損害もかなり大きい」

B：「まあ、たしかに同じようなミスをやる傾向はあるな」

A：「いままでは何とか庇ってきたが、今回ばかりはきつく叱
　　る程度では改善は見込めないと思うがどんなもんだろう」

B：「うーん」

A：「過去の別の例を見ても、今回は、正式に戒告処分にす
　　るのが妥当だと思う」

B：「戒告か……。それだと未来永劫に記録として残るから
　　なあ。そこまでやるのはかわいそうだよ。僕の方からも

きつく言っておくから、戒告はなしにしよう。厳重口頭
注意でどうだろうか」

Ａ：「……」

これは典型的な**同情論証**です。Ａさんは、「会社に与えた
損害」「何回も同じことをしている」「過去の別の人の例」な
どを根拠に、論理的に考えた上でＣさんを戒告処分にしよう
としています。一方、Ｂさんは、それらを認めた上で、そう
した根拠に反論するのではなく、**「かわいそうだから止めよ
う」**と主張しています。

本書でも何度か触れていますが、人間を動かすのはロジッ
クだけではなく感情という側面もありますから、同情論証は
全否定されるものではありません。しかし、**このやり方にあ
まり頼りすぎると、ビジネスリーダーとして必要な論理的思
考力が鈍ることになりかねません。事実、感情に訴えかける
方法は、往々にして事実に立脚した結論を軽んじることがあ
ります。また、感情は往々にして波がありますから、安定性
の面からも考えものです。**

さらに、見方を変えると、**「△が妥当か、□が妥当か」**と
いう議論の論点を、**「かわいそうか、かわいそうではないか」
「良心の呵責を感じるか、感じないか」**といったようにすり
替えることもできるのです。

充填された語

「言葉のあや」に注意

定義▶ 相手のレトリック（修辞法）を用いた用語選択に
影響される傾向

　まず以下のセリフを見てください。どのように感じられた
でしょうか？

　「衆院議員のＡでございます。昨今、政治主導に対する不信
をお持ちの方も多いかと思いますが、ちょっと待ってくださ
い。我々は皆様に選挙で選ばれた国民の代表であり、選良で
す。それに対して、官僚はあくまで試験を通過しただけの官
吏であり、国民の皆様に選ばれた選良ではありません。対比
するまでもなく、国民に選ばれたわけではない官吏が政治の
方向性を決定するような状況はやはりおかしいと言わざるを
得ない──私はそう確信しています」

　このケースでは、ネガティブもしくはポジティブな印象を
与える**言葉を選び、主張そのものとは別の次元で聞き手の印
象を操作しよう**としています。

具体的には、Ａ氏は衆院議員である自らのことを「選挙で選ばれた国民の代表」「選良」とポジティブな印象を与える言葉で表現する一方、官僚のことを「試験を通過しただけ」「国民の皆様に選ばれた選良ではない」「官吏」と一般的にはネガティブな印象を与える言葉で表現しています。**主張として特段間違っているわけではありませんが、聞き手の印象を操作することで、自分の主張の妥当性を増そうとしているわけです。**

　どんな言葉もニュートラルではありません。そこには必ず特定のニュアンスが含まれるものであり、そこにバイアスが生じる素地があります。

　たとえば、「官僚」という言葉には、他にも以下のような言い方があります。感じ方は微妙に変わるはずです（厳密には必ずしも同じ語義ではありませんが、ここでは多少の差異は無視します）。

- お役人／お役人様／役人
- 官吏
- エリート公務員
- キャリア

　冒頭のケースのように、**他の言葉と組み合わせることで、そうした印象操作をさらに増幅させることも可能なのです。**

ユーモア効果

笑いは油断を誘う

定義▶ 気の利いたユーモアに接すると警戒心などが薄れ、
相手を好意的に見る傾向

　欧米では特に**ユーモア**のセンスがあることがリーダーの資質の一つに挙げられることが少なくありません。**ユーモアは場を和ませますし、見知らぬ相手の警戒心を緩和することにもつながります。**また、その人に対する親近感を抱かせ、好意を醸成します。これらはビジネスを営んでいく上で、損になることはありません。

　また、気の利いたウィットにあふれるユーモアは、その人の機知を知らせる道具となりますし、**相手の頭の中に自分を強く印象付ける効果や、相手に自分を一目置かせる効果などももたらします。**それゆえ、プレゼンの冒頭などはユーモアで始めるのがいいと言われたりもするのです。

　ただし、ユーモアは単に人を笑わせればOKというものではありません。その意味でダジャレ（いわゆるオヤジギャグ）などは、あまり上質のユーモアとは言えません。また、

好意
一目置く印象

ユーモアは警戒を解く

ビジネスでは過度なブラックジョークも好ましいとは言えないでしょう。さらに、国民性をからかうジョーク（例：難破しそうな船から海に飛び込んでもらうために、アメリカ人には「飛び込んだらヒーローだ」と言え。日本人には「みんな飛び込んでいる」と言え。イギリス人には「紳士は飛び込むものだ」と言え。フランス人には「飛び込むな」と言え……）もありますが、場所を選ばないとステレオタイピングを好む人間扱いされかねません。下ネタも素面の席では用いない方がいいでしょう。

ユーモアは効用も大きい半面、印象操作に用いられるツールでもあります。ユーモアを取り払った中身そのものに実があるかを冷静に判断することも必要です。

メラビアンの法則

内容より
「見た目」と自信が大事

定義▶ プレゼンテーションなどで内容以上に
プレゼンターの見た目を過大に評価する傾向

　元々**メラビアンの法則**は、実験の結果、矛盾した言語的・非言語的メッセージが発せられたときに、人が何に影響されるかを示す法則として提唱されました。近年では、転じて、プレゼンテーションなどで相手に影響を与える要素の法則として知られるようになっています。その意味で、通常使用されている用法は厳密には間違いなのですが、実務的には役に立つこともあるので、ここでも厳密な差異にはこだわらないことにします。

　ちなみに、元々の実験では、まず、「好意的」「中立的」「嫌悪的」なニュアンスを持つ言葉を選び、それらを「好意的」「中立的」「嫌悪的」な声のトーンでテープレコーダーに録音し、さらに、「好意的」「中立的」「嫌悪的」な表情の顔写真を用意しました。その上で、これらを同時に被験者に示したときに、どの要素が最も効くかを調べたのです。例えば、中立的な言葉（例：paper）を、否定的な声のトーンで、かつ肯

図10 メラビアンの法則

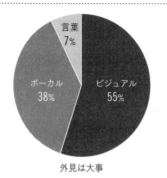

互いに矛盾するメッセージを受け取った時、
人は何に影響されるか?

言葉
7%

ボーカル
38%

ビジュアル
55%

外見は大事

定的な写真を見せながら被験者に印象を聞くと、彼らは見た
目に最も影響されたというのがこの実験だったのです。

　さて、一般のプレゼンテーションなどでも、見た目(容姿
のみならず、自信のある態度など)を重視してしまうのは、
人間の脳の構造による部分が大きいとされます。視覚は人間
の五感の処理の80%以上を占めるとも言われており、人間
の脳は構造的に視覚を重要な判断基準においてしまうのです。
この傾向は特に、時間が限定されていて判断材料が限られて
いるときなどに強く働くとされています。

　つまり、根拠が薄弱なときでも自信ありげに堂々と喋ると、
オーディエンスはその内容に同意しやすくなってしまうので
す。

勝者の呪縛

勝つことにこだわりすぎるな

定義▶ 相手を言い負かすことが目的化してしまう傾向

「勝者の呪縛」は、さまざまな場面で用いられる用語です。たとえばゲーム理論などでは、オークションや入札の際、「競り落としたのはいいけれど、払いすぎたのではないか。もっと安い価格でも競りには勝てたのではないか」と感じる後悔の念を「勝者の呪縛」と言います。

また、交渉術では、何か条件を相手に出して「ああ、その条件で大丈夫ですよ」となった際、もっと自分に有利な条件からスタートすべきだったと感じることを勝者の呪縛と言います。

これらの例からも分かるように、勝者の呪縛とは、広義には、見かけ上は勝者になったものの、後悔を感じるときに使われる言葉と言えるでしょう。

通常の議論でも、議論自体には勝ったものの、それで良かったのかと後で自問するシーンは少なくありません。たとえば口論になってしまい、感情的なしこりが残ってしまうな

勝ったはいいが……

どです。特に相手がこれから一緒にビジネスをやっていくパートナーだとしたら、**彼／彼女を言い負かしてネガティブな感情を残すことに何の意味もないはずなのですが、それでもときに人間は言い負かされたくないという動機が働くことがあるのです。**

そうしたことになりがちな人の特徴に、負けず嫌いやプライドの高さがあります。矜持とも言える良い意味でのプライドを持つことはビジネスパーソンにとって非常に重要なことですが、**単なる一時的な自尊心を満たそうとして全体の和を乱すことは決して本人のためにはなりません。中にはあえてそうした口論を煽ることで仲違いさせようとたくらむ人もいるのです。**

5章

因果関係を見誤らせる
心理バイアス

アトリビューション・バイアス

原因はつねに複数ある

定義▶ 原因を目立つものに帰属させたがる傾向

　何らかの事象は１つのことだけが原因で起こるわけではありません。通常は複数の原因が重なってあることが起こるものです。

　たとえば風邪をひいたという単純な事象も、菌やウイルスの多い場所に行った、部屋が乾燥していた、うがいや手洗いを忘れた、ストレスがたまっていて免疫力が弱っていたなど、さまざまな要素が絡み合って発病に至るものです。

　それでも人は何か目立つものにメインの原因を帰着させようとします。その方が頭を使わずに済みますし、自分の中での納得感が高くなるからです。上記の例であれば、実は生活が乱れていたことやストレスによる免疫力の低下が一番大きな原因だったかもしれません。しかし、そうした「素地」的なものは通常見逃されがちですから、「昨日、人通りの多いところに行ったにもかかわらず、うがい薬を使ってうがいをしなかった」といったことを最大の理由としてしまいがちな

のです。そこに同意が集まると、ますますそれを本質的な理由と考えるようにもなっていきます。

　似たようなバイアスでよくあるのは「最後の藁」です。これは、他にも素地となる原因があったにもかかわらず、**最後に決定的に事を起こしたものを最大の原因と錯覚する**というものです。

　たとえば、それまでに営業担当者がある顧客の前で失態を繰り返していたとします。そこに、事務の新人が請求書の発送を忘れ、ついに顧客の怒りが頂点に達し、取引停止を宣告してきたとします。悪いのは明らかにそれまでマイナスを積み重ねた営業担当者なのですが、このケースでは請求書の送付ミスがダイレクトに引き金を引いたことから、責められやすくなってしまうわけです。**特に自分の失敗を隠したい人は、ことさら最後に引き金を引いた人を責めるかもしれません。**

　人にもよりますが、**必要以上に自分を責めるときにこのバイアスが生じることもあります。**たとえば両親が目を離したすきに、幼児が室内で事故に遭ったとします。おそらく「自分があのときにかかってきた電話に出なかったら」などと後悔するはずです。しかし、よくよく原因を考えてみると、室内の設計が悪かったことが最大の問題だった可能性もあるわけです。

フロリダ効果

行動は言葉に左右される

定義▶ 先行情報に引っ張られて行動が変わってしまう傾向

「**フロリダ効果**」はもともとアメリカで行われた心理実験から名付けられたものです。この実験で、被験者たちは、さまざまな単語を用いて作文することを指示されました。そして、あるグループには「**フロリダ、忘れっぽい、皺、シミ、ハゲ頭**」といった言葉が与えられたのです。皆さんはここからどのようなイメージを持つでしょうか。フロリダ州は温暖な土地であることから、引退した高齢者が多く住む州と言われており、実際に高齢者比率が高いことでも知られています。当然、被験者たちは、他の単語も使い、高齢者に関する文章を作りました。

　ただ、研究者らの狙いは別のところにありました。彼らは作文の内容ではなく、彼らがどのような行動をとるかに着目していたのです。結果として、その被験者のグループが別室に移る際、まるで老人のように歩くスピードが遅くなっていたのです。逆に若者をイメージする言葉を与えられたグルー

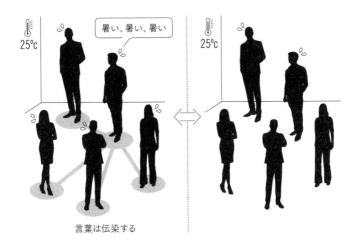

暑い、暗い、暑い

25℃

25℃

言葉は伝染する

プは歩くスピードも速くなっていました。**つまり、言葉の与え方により、人々の行動が変わったのです。フロリダ効果は、プライミング効果が直接的に行動に影響を与えるものと見なすこともできます。**

　他にも実験があります。暑い部屋で「暑い、暑い、暑い」と何度も言う人（サクラ役）がいるグループは、そのような人がいないグループに比べて、実際に暑く感じ、体温分布にも影響が出たそうです。

　これは、「疲れた、疲れた」というマネジャーの口癖が、部下の疲弊度を増す可能性などを示唆します。**独り言をよくつぶやく管理職もいますが、その何気ない独り言が、部下の働き方や感覚に影響を与えている可能性もあるのです。**

帰属の誤り

自分の失敗は他人のせい、他人の失敗はその人のせい

定義▶ 何かの原因を別のものに帰属させること

134P で**アトリビューション・バイアス**に触れました。それは何か目立つものをトラブルなどの原因にするというバイアスでしたが、この**帰属の誤り**は、広義にはそれをも含みます。

帰属の誤りはさまざまな理由で生じます。たとえば自分が好意を持っている人間が新規事業などで失敗したら、彼／彼女のせいにするのではなく、「タイミングが悪かっただけ」「やり方は良かったけど、ちょっと早すぎたかな」などと理由付けをしてしまうのです。逆に、自分が嫌っている人間の場合は、実際にはたとえば市場がまだ立ち上がり切っていないことが原因だったとしても、彼／彼女のせいにするかもしれません。**つまり、人間は自分の好き嫌いで原因を変えてしまうことがあるのです。**

自分を庇うということもよく生じます。たとえば大学の先生が、学生からも評価を受けるシステムを採用しているとし

図11 自己奉仕バイアスを戒める詩

人が時間をかけるのは、要領が悪いから
自分が時間をかけるのは、丹念にやっているから

人がやらないのは、怠慢だから
自分がやらないのは、忙しいから

言われていないことを人がやるのは、でしゃばりだから
言われていないことを自分がやるのは、積極的だから

人がルールを守らないのは、恥知らずだから
自分がルールを守らないのは、個性的だから

人が上司に受けがいいのは、おべっか使いだから
自分が上司に受けがいいのは、協力的だから

人が出世したのは、運がよかったから
自分が出世したのは、頑張ったから

『「人を動かす人」になるために知っておくべきこと』（ジョン・C・マクスウェル著、三笠書房）より引用

ます。ここでも、評価が良ければ「自分の講義が良かったか
ら」と結論付けるでしょうし、逆に評価が悪ければ「学生の
質が良くない」「学生が予習してこないので理解度が低い」
などと結論付けるかもしれません。

　なお、**このように自分の成功の要因は自分に帰属させ、失
敗の要因を外部に求める（他人についてはその逆に考える）
傾向を特に自己奉仕バイアスと言います。人間は皆、自分が
可愛いですし、自尊心を守りたい欲求を持っているものです。
それがときに過剰な自己防衛につながり、失敗から学ぶ謙虚
な姿勢を捨てさせてしまうのです。**図11はそれを戒める詩
ですが、多くの人は多かれ少なかれ、これと似たようなこと
をしているのです。

「意味があるはず」バイアス

人は「意味」がないと
落ち着かない

定義▶ 意味がないところに意味を見出そうとする傾向

人間はあらゆることに意味を見出そうとする動物です。 たとえば長髪の女性が髪を切ったら、実際にはそこに大した意味はなくても、「おっ、何か気分転換？」「失恋でもしたの？（現在はセクハラに当たるでのこれはアウトです）」などと聞いてしまうケースです。

人は、いったん何かが気になり始めると、そこに何か動きがあると気になるものです。 たとえば重要な顧客の担当者からの連絡が以前より少なめになったとします。すると、「ライバルが攻勢をかけているのではないか」「他の製品も使ってみたい誘惑に駆られているのではないか」などと不安が持ちあがってきます。

そこで先方に連絡をして「別段何もないですよ。取引も安定してきたので前ほど連絡しなくなっただけです」と説明されても疑心暗鬼になってしまい、「声が以前に比べ事務的だった」「そう言えばこの前先方に行ったとき、上司とシリ

「あのときの行動はどういう意図だったのか……」

アスそうに相談事をしていた」といったことが、すべて自分にとって好ましくない情報のように見えてしまうのです。ここに**確証バイアス**（4P）が加わると、さらにそれは加速します。

　もちろん、企業にとって好ましくない傾向については、多少強くアンテナをはることも大事ではありますが、それにも程度があります。**過剰に意味を読みとろうとすると神経も疲弊しますし、いいことばかりではありません。**

　なお、このバイアスは多分に人の性格という側面があります。そこで、そうした性格を持つ、自分が気に食わない相手を消耗させようと、わざと思わせぶりな話の仕方をする人もいるのです。

パターン化バイアス

その成功パターン、
たまたまです

定義▶ 本来関係がないところに
何かしらのパターンを読みとってしまう傾向

人間は全くのランダムを嫌う傾向があり、本来はランダムなものにも何かしらの規則性を見出そうとします。

その典型は、株式投資におけるテクニカル分析でしょう。テクニカル分析は、ファンダメンタルズ分析派の人間からは無意味と見なされていますし、実際の検証結果でも、長期に高いリターンを出せたということはなかったとされています。それでもテクニカル重視の人は日々の値動きを追い、「このパターンのときは買いだ」などと理由付けをしてしまうのです。

たとえばテクニカル分析で有名なグランビルの法則にはいくつかの鉄則があります。一部の例が下記です。

- 上昇中の平均線を株価が下回っても、平均線の上昇基調に変化がないと思われるときは押し目買い
- 株価が足踏みしたのち、上昇中の平均線とクロスしないで再騰し始めたときは買い増す　等々

上昇中の平均線を価格が下回っても、平均線の上昇基調に変化がないと思われるときは押し目買い

価格が足踏みしたのち、上昇中の平均線とクロスしないで再騰し始めたときは買い増す

成功体験に固執しがち

　もちろん、時系列のグラフで実際に原因を追求できそうな**パターン**が見出せれば、それは大きな意味を持ちます。たとえば、ある製品は毎年４月に売上げが伸びる傾向が何年も続いているなら、それを踏まえたプロモーションは有効でしょう。要は、**本当にそのパターンに意味があるものかをしっかり考えることが必要ということです。**

　なお、パターン化の特殊な例に「**パレイドリア**」があります。これは、たとえば**岩や木の模様の中に、人の顔など、何らかの意味のある形状が見える**といったものです。

　もちろんそれは単なる偶然ですが、新興宗教の教祖などは、それを都合よく意味付けし、自分の権威を増すために悪用したりするのです。

単純化本能

人は「複雑」が嫌い

定義▶ 物事を過度に単純化し、理解したいと考えてしまう傾向

　世の中とは本来複雑なものであり、さまざまな要素からなる因果関係が複雑に絡み合っています。その複雑な因果を解き明かそうという考え方がシステム思考です。システム思考はさまざまなエッセンスから成り立ちますが、その大事なポイントの1つが、こうした因果関係を仮説的に構想し、それを実験やヒアリングなどを通して検証するものです。

　図12は1960年代頃までコカ・コーラに大きく水をあけられていた時代のペプシ・コーラの悪循環の構造です。ペプシはこれを打破することで、コカ・コーラと並ぶ清涼飲料ブランドへと成長していったのです。

　ただ、**このような思考ができる人間は必ずしも多くなく、物事を過度に単純化して考えてしまうことがあります。**
　単純化そのものは、むしろ枝葉を切り取って根幹の部分に迫れる可能性が増すため効果的なことも多いのですが、それ

図12 システム思考の例

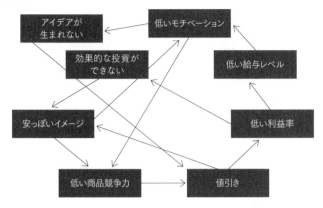

出典：『グロービス MBA キーワード 図解 基本ビジネス思考法45』（ダイヤモンド社）

も程度次第です。**過度な単純化は、本来見落としてはならない要素を見落とすことにもなりかねません。**

　たとえば、キリスト教とイスラム教の争いを、単なる宗教対立と考えるのは無理があります。千数百年を超える歴史の中での相対関係（例：中世はむしろイスラム教世界の方が進歩しており、キリスト教世界は野蛮と見なされていた）や、政治的な出来事（特に19〜20世紀の列強の植民地化政策）、地政学的な問題（たまたま中東が石油の宝庫だった）なども正しく理解しないと、この問題は理解できません。

「これって結局、単純化するとこうだよね」という発言は、ひょっとすると目を付けられたくないポイントから目を背けさせるための方策かもしれないのです。

陰謀バイアス

人は都合のいいストーリーを信じる

定義▶ 好ましくないことなどが起きたときに、それを陰謀の結果として理由付けること

　人間には、俗耳に馴染みやすい陰謀や謀略の説を信じてしまいがちな傾向があります。全員がそうであるというわけではないのですが、少なからぬ人にその傾向があります。

　たとえばかつて日本に田中角栄という政治家がおり、総理大臣にまで上り詰めました。しかし、総理を辞めた後、ロッキード事件が起こり、逮捕されるに至ります。この事件のおかげで、彼は自由民主党を離党することになり、少なくとも表舞台で活躍することはできなくなりました。

　この事件が起きたとき、陰謀論がささやかれたことがありました。「独自の資源外交を進める田中角栄のやり方にアメリカや石油メジャーが怒り、失脚を図った。それがロッキード事件である」といったものです。真実は闇の中ではありますが、いまだにこの説を信じている人も少なくないと言われています。

　アメリカではジョン・F・ケネディ元大統領の暗殺時も

数々の陰謀論が流れました。暗殺犯とされたオズワルドがすぐにまた暗殺される不自然さや、あれだけ精度の高い射撃が一般人にできるはずがないといったことが根拠とされていました。当時のCIAがそうした陰謀論を一笑に付したことから、かえってCIAが関与していたのではないかという憶測まで呼んだといいます。

　陰謀論を安易に信じてしまうことは、ときとして好ましくない結果をもたらすこともあります。

　まず、根拠もないのにそうした陰謀論を触れまわることは、相手に対する誹謗（ひぼう）中傷にもなります。たとえば、「このプロジェクトがうまくいかないのは、陰で○○部長のシンパが邪魔をしているからに違いない」などと言うと、○○部長に対する誹謗中傷として機能してしまうのです。

　また、陰謀を利用し、自分に都合のいい施策の根拠にしてしまうこともあります。ユダヤ陰謀説の根拠となったとされるシオンの議定書（史上最悪の捏造文書とされます）は、ナチスの悲惨なホロコーストの原因になったりもしました。ここまで悲劇的な例は少ないかもしれませんが、よくできた陰謀論は、ときとして人を誤った方向に駆り立ててしまうのです。

　犯人は宇宙人だといった荒唐無稽な話を信じる人は稀かもしれません。しかし、**よく練られた、いかにもありそうな陰謀論、謀略論は、ひょっとすると人を特定の方向に動かすための策謀かもしれないのです。**

宿命バイアス

「運命」を呪うな

定義▶ 何かが起きたとき、
それをあらかじめ神（あるいはそれに相当するもの）の
定めた宿命と考える傾向

　日本人は、キリスト教プロテスタントとは異なり予定説（神があらかじめすべてを決めている）を採用する人は少ないと思われます。それでも、**何か物事が非常にうまく行ったときや逆に失敗したときに、「これは運命（宿命）だ」などと感じた経験は、多かれ少なかれ誰もがお持ちでしょう。**

　146P で触れた田中角栄も、「大臣は代議士なら頑張ればなれるが、総理大臣となるとそうはいかない。それは決まっているんだ」という持論を持っていました。

　こうした宿命論は、うまく活用すれば、自分にプラスの暗示をかける効果があります。たとえば「自分はこのビジネスを成功させるために生まれてきたのだ」と思い込むことは、彼／彼女を強烈に動機付けることにつながるでしょう。

　逆に言えば、何をやってもうまくいかない人は、「自分はこのような星の下に生まれているんだ」と悲観してしまい、新しいことをする際にも「どうせ失敗してしまうんだ」など

自分はこのビジネスを成功させるために生まれてきたのだ

ときに自らの動機づけにもなる

と好ましくない暗示を自分にかけてしまうことにもなってしまいかねません。

　これは他人に対して使うこともできます。比較的順調な人生を歩んできた人には、「君はそういう星の下に生まれているんだ」と言えば、自信になるでしょう。ただし、場合によってはそれは相手をおだて、暴走させるように仕向ける罠である可能性もあるのです。

　いつも不運に見舞われる人であれば、「君はそういう運命なんだ」と言えば自信をますます失わせ、何事にも消極的な方に促すことも可能です。**宗教観の弱い日本人であっても、運命＝ Something Great にはかなわないと感じる傾向は確実にあるのです。**

6 章

「錯覚」を生み出す
心理バイアス

利用可能性ヒューリスティックス

印象だけで判断しがち

定義▶ 思い出しやすい事柄に過度に引きずられて判断すること

人間は何かを考えたり行動するとき、思い出しやすい情報や事柄を根拠にする習性があります。

たとえばあなたが何かしらの事情で久しぶりにバーガーショップに入ったとします。そのとき、どのような商品を頼むでしょうか？　効用を最も高めるのであれば、すべての商品を見、それぞれの評判について店員に確認したり、手元のスマートフォンで検索するのがいいかもしれません。しかし、そのようなことをする人間はまずいません。

これが戸建ての家を買うといった話ならまた別ですが、バーガーショップでたかだか数百円のものを買うのであれば、そのようなことに時間をかけずとも、一定レベル以上の効用を手に入れることは可能だからです。たとえば広告で大々的にテレビで宣伝しているものを買う、あるいは以前そのバーガーショップに入ったときに注文したものをそのまま注文するなどです。

これが利用可能性ヒューリスティックで、人間の脳が「す

べての情報を集めるのは割が合わない」ため、思い出しやすい情報から物事を判断することを指します。

　利用可能性ヒューリスティックもいくつかの要素から成り立ちます。1つは**検索容易性**です。**これは「いつもの」「定番の」ものを選んでおけばそれほど大外しはしないと考えること**です。事実、頭に最初に思い浮かぶものは過去に「無難」だったものが多いでしょうから、これはこれで理に適っているのです（悪い意味で記憶に残っているものはすぐに違うと分かります）。

　2つ目は**想起容易性**です。**これは、記憶のインパクトが大きいものが選ばれるというものです。**たとえば最近非常に話題になったCMの商品を買うなどはその典型です。子どもが親にプレゼントをねだるのであれば、ずっと言い続けておくと、親がそれを買う可能性がやはり高くなるのです。

　具体性という要素もあります。**これは具体的なイメージを見たものの方が思い出しやすかったり、具体的に知人に話を聞いた情報の方が、そうでない情報よりも重く見られる現象です。**たとえばある製品に関する情報は、あなたと接触頻度の多いユーザーの評価の方が、他の人の評価よりも重みを持つでしょう。

　近年ではネットのインフルエンサーも同様の効果をもたらすことが指摘されており、それゆえ企業はそうしたインフルエンサーとの関係を構築しようとするのです。

偶然効果

「自分だけが知っている情報」を過大評価しない

定義▶ 偶然に知った情報を過大評価する傾向

　人間は、たまたま知った情報を過度に重視する傾向があります。

　たとえば、株式投資をしている人間が、電車の中で、当該の企業の社員と思われる人間同士がこんな会話をしているのを聞いたとしましょう。

「今度のA製品、CMをどんどんやるらしいけど、たぶん売れないよね」
「全くだ。そもそもモノが良くないからなあ。もう少し市場に出す前に工夫すれば良かったのに」
「B部長の立場上、時間はこれ以上かけられなかったらしいね」

　あなたがこの会社の株を買おうと考えていたとしたら、この情報を聞いて止める可能性は高いのではないでしょうか。
　そもそも好ましくない情報であることに加え、**「自分だけ**

「たまたま知った情報」を重視しがち

が（他の投資家が知らない）この情報を知っている」という
アドバンテージを持ったことを高く評価してしまうのです。

　交渉の場面では、これを巧みに使う熟練の人間もいます。
たとえば、売り手であるＣ社は本来、1500万円程度を落と
し所と想定しており、Ｄ社との商談がそれ以上で妥結したら
ラッキーと考えているとします。

　この状況下で、Ｄ社の交渉相手に、全く偶然を装って（自
社の人間と悟らせないよう、アルバイトなどを雇うこともあ
ります）、さりげなく2000万円前後が想定の落とし所など
と匂わす情報を与えれば、1500万円を上回る価格で妥結す
る可能性が増すという算段もまたできるのです。

「多く議論された」バイアス

議論の長さは
重要度を意味しない

定義▶ 多く議論されたものを重要と感じてしまう傾向

　これは208Pで触れる繰り返しバイアスに似ています。**会議などで、多くの時間を使って議論したことを大事なことだと考えてしまう効果です。**

　グロービスが採用しているケースメソッドという教育手法では、このようなバイアスを避けるアプローチをしています。**学生は、長い時間をかけて議論した点を重要なポイントと思い込む傾向があります。** そこで、重要でないことにはあまり時間を割かず、重要なポイントの議論には長い時間をかけることを基本セオリーとしているのです。

　ただ、**現実を見ると、会議などで本当に重要なことに、比例的に時間配分がなされているかと言えばそんなことはありません。** それを示す有名な現象に**パーキンソンの凡俗法則**があります。

「組織は肥大する」の法則発見でもおなじみのパーキンソン

図13 パーキンソンの凡俗法則

重要度
原発 ＞＞＞ ＜ 議論の時間

原発　　　　　　　　　　　　　自転車置き場

出典：『グロービスMBAキーワード 図解 ビジネスの基本知識50』（ダイヤモンド社）

は、凡俗法則を以下のような事例で説明しました。

　ある委員会が、原子力発電所と自転車置き場の建設について審議をします。原子炉の建設計画は、技術的に難しいため、多くの人はその内容をなかなか理解できません。その結果、一部の専門家や利害関係者の主張が通り、議論もすぐに終わってしまいます。

　一方で、自転車置き場については、話も単純ですから、誰もが持論を発言できます。そして、ひたすら瑣末なことについて皆が発言をし、無為に時間が過ぎ去っていくのです。

　こうした**不適切な時間配分は、往々にして会議主催者やファシリテーターが恣意的に操作し、人々の目を大事なことからそらせようとする動機から生じることもある**ため注意が必要です。

認知容易性

分かりやすさは「善」か?

定義▶ 認知しやすいものに好意を抱いたり重視したりする傾向

人間は分かりやすいものを好む傾向があります。 分かりや すさとは、単に説明や図解が理解しやすいことにとどまらず、 前頁で触れた説明時間の長さや、208Pで触れる繰り返しな ども含みます。また、適切なプライマーを事前に刺激として 与えておくことも分かりやすさに影響を与えます。

そして、分かりやすさは結果的に、好意や信頼といった、 好ましい結果をもたらすのです(図14)。

これだけを聞けば、分かりやすいことはいいことだらけに 思えますが、そのどこに落とし穴があるのでしょうか?

落とし穴の最大のものは、「頭に馴染んだものの方がいい」 という傾向に安易に流れてしまうことです。

たとえば新商品のデザインやネーミングを検討するシーン を考えてみましょう。デザイナーや製品開発担当者は、奇抜 なもので消費者の目を引こうと考えているとします。しかし、

図14 認知容易性

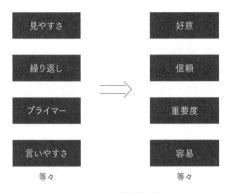

分かりやすいものは基本的に好まれる

それは消費者にとって「馴染んだもの」ではありませんから、目を引く半面、拒否反応を示す可能性は当然あります。そして、この後者の方ばかりに注目し、反対意見を言ってくる人が必ず出てくるのです。特に過去のやり方での成功に慣れたシニアのスタッフ（往々にして発言権が強い）の声が大きいと、そうした斬新さは過小評価され、分かりやすいけどありきたりのものになってしまいがちです。

　社内でいえば、**隣の部門の活躍が疎ましいようなら、「それって奇抜すぎない？」などとコメントすることで、角の取れた平凡なものに誘導することも可能ということです。**どこまで冒険するかは企業の方針にもよりますが、リスク回避ばかりを重視しすぎるのも好ましいことではないのです。

アイソレーション効果

目立たないものの
価値を知る

定義▶ 離れて目立っているものを重視する傾向

アイソレーションは分離などの意味であり、集団から離れて目立っているものを重要と思ったり、過大に評価したりすることを指します。

アイソレーション効果は、一般的には、単純にインパクトの強さを意図して使うことが多く、必ずしもそのインパクトがポジティブかネガティブかを意味するわけではありません。しかし、往々にして、**「目立つのは、重要だからだ」「目立つのは、良いものだからだ」**という印象を与えることがあるため、広義には、そうした効果を含んで用いられる場合もしばしばあります。

ビジネス実務では、文書などにおける物理的な効果としてよく用いられます。たとえば、他のパートと分けてハイライトしたり、色を変えたり、そこだけ別項目にして独立して説明することで、注意をひき付けるといったやり方です。**ポイントは、本当に重要なもの、記憶に残してほしいものを目立**

たせることです。実行は簡単ですが、しばしばなおざりにされがちです。

アイソレーション効果は、対人コミュニケーションの中で、ユーモアと併せて用いられることもあります。たとえば、重要な話を忘れないように印象付けるために、ユーモアやジョークを交えて説明することで他のパートより印象付けるテクニックです。

しかし、こうしたコミュニケーション、たとえば講演や講義などに慣れていない人はしばしば、大事ではないところでジョークを連発してしまう失敗をしがちです。ユーモアやジョークは非常に記憶に残りやすいものですので、やはり強調したいことと絡めるのが効果的です。

また、日本語ではあまり適訳がありませんが、「Bizarreness Effect」というものもあり、これもアイソレーション効果と並べて論じられることがあります。Bizarrenessとは、「突飛なこと」「奇妙なこと」といった意味合いであり、前項の**認知容易性**とは逆の意味合いを持ちます。

先述したように、ありきたりがいいのか、突飛なものがいいのかの判断は難しいですが、**特定の人の声に流されるのではなく、本来効果を与えたい人（消費者など）の声を愚直に聞くことも大切です。**

コントラスト効果

比較は「錯覚」を生み出す

定義▶ コントラストで錯覚を起こすこと

人間は物事について評価するとき、何かと比較して評価を下す傾向があります。これは、多くの人は絶対評価よりも相対評価の方がはるかに楽に行えることに起因します。

たとえば兄弟がいたとしましょう。もし兄が優等生で、弟が普通の成績だとしたら、弟が十分に平均以上の成績を収めていたとしても、兄と比較して成績が劣っているように感じる親は多いはずです。兄の立場からすると、(ちょっと意地が悪いですが) 自分を良く見せたいのであれば、弟を引き合いに出せばより有効になります。

イラストに示したように、合コンで自分が目立つように他のメンバーを自分より見栄えのしない人間で固めるのも、あざといですがよく使われるテクニックです。

ビジネスでも、**コントラスト効果**はよく用いられます。たとえば日本車ディーラーであれば、高価な外国車と対比させ

相対評価は分かりやすくてラク

ながら商談を行うと、「同程度の性能なら安くて手厚いサポートの日本車の方がお得だ」と感じる顧客は多いでしょう。

逆に外国車のディーラーであれば、より高価な超高級車や、自社の高額な車種と対比させると、**相対的にいま売り込もうとしているものを安く感じてもらうことができるのです。**

110Pで述べた**アンカリング**と組み合わせる手法もあります。たとえば人事考課で「今期は5点満点で2.5くらいの評価の人間が多い」という情報をあらかじめ与えておくと、仮に相手の評価が2.75だった場合、「まあいいか」と思ってもらえる可能性が高くなるのです。実際には3.5くらいの評価の人間も多いかもしれませんが、それをあえて言わず、相手に勝手に相対評価をさせる点がポイントです。

ウェバーフェフナー効果

「量」より「率」の罠

定義▶ 変化量よりも変化の比率の方を敏感に察知する傾向

ウェバーフェフナー効果は物理的な認知にも心理的な認知にも働くとされています。

よく例に出されるのは、リュックサックに追加の重量を加えたときにそれを察知できるかというシーンです。仮にいま背負っているリュックサックの重量が10kgだとしたら、そこに350g（350ml）のビール缶を1つ載せたとしても気が付かない、という人は多いでしょう。350mlの缶ビールは決して軽くはないのですが、10kgが10.35kgになっても、その比はわずかであり、気が付かない人もいるわけです。

ところが仮にリュックに何も入っておらず、そのリュックの重さが500g程度だとしたら、そこに350gの缶ビールを入れて気が付かない人はいません。加えられた重量は同じ350gでも今回は重量が一気に1.7倍にもなってしまったからです。**人は「量」より「比率」の変化にこそ敏感なのです。**

ビジネスでもこの効果は生じます。たとえば毎日定時で

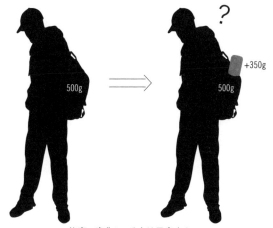

比率の変化にこそ人は反応する

帰っている人間に30分の残業を指示すれば、「かなりの残業を指示された」と感じることでしょう。それに対し（労働基準法はいったん無視します）、すでに8時間残業している人間に対して「もう30分だけお願い」と言っても、いまさら大して差を感じなくなってしまうのです。

　マーケティングやセールスにおける応用も可能です。たとえば通常50万円は大金ですので、そのような買い物を瞬時に意思決定できる人は多くありません。しかし、たとえば新築の一軒家を購入する場合だと、仮に総額5000万円程度の物件の場合、「50万円追加すれば床暖房も付けられます」というセールストークに「安いな」と感じ、「じゃあそれも追加で」と言ってしまう人は少なくないのです。

期待値バイアス

満足は期待値次第

定義▶ 期待値を必要以上に高め、
結果として満足度が下がってしまう傾向

　期待値バイアスは2Pで解説したプライミング効果の一種
とも言えますが、実務上重要なのでここで別途取り上げます。

　**ビジネスにおいて、顧客満足度を高めることの価値は非常
に大きなものがあります。**満足した顧客は通常、以下のよう
な行動をとるからです。

- リピート購入する
- 口コミで紹介してくれる
- 他の製品・サービスも購入する結果、客単価が上がる
- 価格の値下げ圧力が減る、あるいは値上げに応じてくれや
  すい
- ブランドスイッチをあまり考えなくなる

　では、顧客はどのようなときに高い満足度を示すでしょう
か？　表現はいろいろあるでしょうが、**端的に言えば、それ
は事前の期待値を超えたときです。**つまり、**どれだけ製品・
サービスが優れていたとしても、期待値の方が高すぎると、**

高い満足度は得られないということです。

　そして期待値は、往々にして個人の中で高まってしまうことがあります。たとえばテーマパークについてさまざまなところから情報を仕入れると、どんどん夢が広がっていくわけです。友人の話なども、特に楽しかった話などが頭に残ると、その傾向は加速します。過去の体験も、**過去美化バイアス**（160P）が相まると、期待値を高めることになります。

　そこで**企業は、広告や広報などを通じてある程度の期待値は醸成しつつも（そもそも期待されないようだと顧客は来ませんから当然ですが）、あまり過度に期待値を高めすぎないように期待値のコントロールを行うのです。**サービス業などでは、サービスを提供する従業員の質がばらつきやすく、それが期待値にも影響を与えますので、マニュアルなどを通じてサービスの質を揃えようとするのも一般的です。

　なお、期待値効果が生じる一方で、**実際に期待値を下回っても必ずしも顧客満足度が下がらないケースもあります。**これは合理化の一種によるものです。たとえば１時間行列して待ったラーメン店のラーメンが必ずしも期待通りの味でなかったとしても、「これだけ待ったのだから、今回満足できなかったのは何か運が悪かったのだろう」「話のネタができただけでも満足だ」などと考えてしまうこともあるのです。

書き付け効果

「体験」が一番早い

定義▶ 自分で文字として書いたことを重視したり記憶する傾向

　人間は自分で体を動かして体験したことを、単に聞いたことよりもよく覚えているものですし、時にはそれを重要なことと感じることがあります。書き付け効果はその一種で、自分で文字にしたことをよく覚えていたり重要だと感じることを指します。6Pのイケア効果の1バージョンとも言えます。

　特に書くという行為は、単なる単純作業ではなく、内容を理解したり解釈しようと努めることが多いため、より強く記憶に残りますし、ときとして感情移入することもあります。

　たとえば、かつて筆者はあるカンファレンスの1つのセッションでログをとったことがあるのですが、やはり非常に記憶に残りましたし、その瞬間はカンファレンスの中でも最も面白いと感じた記憶があります。ただ、実際に後で他のセッションのログなども冷静に読み返すと、そのセッションが突出して面白かったわけではありません。しかし、その瞬間は、書くという行為を通じてそこに思い入れが生じてしまうのです。

手を動かしたことはなかなか忘れない

　書き付け効果よりさらに一歩進んだものに要約効果があります。これは、単にそのまま記録するよりも、要約をした方がさらに記憶に残りやすいという現象です。単に書くよりもはるかに頭を使うことがその原因です。

　筆者は経営教育業界にいますが、**よく「振り返り（その日の授業で記憶に残ったことや、自分で活用できそうなことのまとめ）を当日中に書いてください」と受講生に言うことがあります。そうすることで記憶への定着を図るのです。**

　逆に、何か自分に不都合なことを人に記憶されたくないなら、自分の発言中に本来どうでもいいことを「ここはメモを取っておいてください」などと言うと、人の意識は他に逸れていってしまうものです。

正常性バイアス

「たぶん大丈夫」は危険

定義▶ 異常やトラブルを過小評価する傾向

　人間の思考パターンに、正常な状態から逸脱するなんてことはそうそうない、言い換えれば、異常事態なんてそうそう起きないと考えてしまうというものがあります。

　正常性バイアスはさまざまな心理的な働きの結果起きますが、**心を平静に保とうとする傾向に由来する部分が最も大きいと言われています。**つまり、日々、正常からのちょっとした逸脱に関して心配をしていたら、精神的に参ってしまうため、それをある程度無視し、メンタルが疲弊しないようになっているのです。

　ちょっとした正常からの逸脱に過剰に反応してしまう人が俗に言う心配性です。

　正常性バイアスは、**メンタルヘルスを維持するための仕掛けでもある**ため、それ自体が悪というわけではありませんが、過度にこのバイアスが強くなってしまうと、それはそれで

困った事態を招きかねません。

　たとえば、ビルの上層階の人が、火災警報が鳴っているのに「どうせ誤作動だろう」と考え、実は本当に火災だったとしたら悲劇です。

　ビジネスの例でいえば、大きな顧客のリピート案件の失注や、従業員の退職などについて、「まあ、そんなこともあるだろう」と軽く見ていたら、実は重大な事態の兆候であり、適切に初動対応しておけばよかったのに、と後悔することもあるでしょう。

　正常性バイアスは、それまでのウォーニングが現実にはトラブルにつながらなかった、という事態が続くと、強化される傾向があります。火災警報装置があまりに誤作動ばかりしていたら、実際の火事のときでも、多くの人は「どうせ今度も誤作動だろう」と考えてしまいます。

　人間ドックでも過去に偽陽性の結果が出たら、本当に陽性の場合でも偽陽性と見なしてしまうかもしれません。

　より多くの人に影響を与える立場の人ほど、他者の「異常なんてそうは起きない」という発言を疑い、さまざまなシナリオを想定した上で、都度都度、冷静に物事を判断することも必要なのです。

7章

人の「記憶」に作用する
心理バイアス

過去美化バイアス

思い出は美化される

定義▶ 昔は良かったと感じてしまう傾向

　このバイアスは、**過去のことを、当時感じていたよりも美化して思い出すことです。** ほとんどの人に心当たりがあるはずです。

「**過去美化バイアス**」が生じる理由としては、

①人間の脳は、過去の悪い出来事の方を相対的に早く忘れるため、良い印象の記憶が残りやすい。その結果、良いことと悪いことが同時に現在進行形で起きている現在と比べ、過去が良いことに満ちていたように感じる

②人間は、自分の若い頃に憧れる性向がある。若さそのものと、若い頃に遭遇した環境を混同して、「自分の若い頃は良かった」と錯覚してしまう

③人間は、自分のしてきた選択や意思決定を否定されたくないため、過去のことを良い方に意味付けしてしまう

などが挙げられています。**いずれも、人間がストレスを減じ、自然界で生き残る過程で生じた、動物的な本能と言えます。**

老人がプライベートで若い頃を回顧するくらいならいいのですが、過去美化バイアスはしばしば、会社の変革を妨げることにもつながります。

　たとえば、「昔、会社が小さかった頃は面倒な稟議なんて必要なかった。いっそのこと、稟議などというものは廃止してしまおう」と社長が考えたらどうなるでしょうか?

　もちろん、実際に当時の方が良い面もあったでしょうが、すべてがそうかといえばそんなことはないはずです。たとえば稟議が必要なかったのは、単に会社が小さく、コミュニケーションに要する時間がそれほどなかったからかもしれませんし、そもそもそれほど大きな金額の案件がなかったからかもしれません。

　そうしたことを忘れて、**良かったことだけを思い出すのは、ときとして間違った方向に組織を導いてしまいます。**過去を必要以上に美化して「原点回帰で昔の〇〇のやり方を復活させよう」などと安易に言いだすのはやはりまずいのです。

　逆に言えば、組織の変革を妨げたいならば、「こういう点が昔は良かったね」と発言力のあるシニア世代に吹き込むと有効な場合があります。「ITに振り回されるなんてこともなく、手触り感があったよなあ」などと言えば、それを懐かしむ人はIT投資を躊躇するかもしれないのです。

近日効果

最近のことは
過大評価されがち

定義▶ 最近に起きたことを重視してしまう傾向

　近日効果は人間の短期記憶が強く出る場面で現れるバイアスです。

　たとえば、仲の悪い中年夫婦がいたとします。新婚の頃は彼らも仲が良かったはずなのですが、いったん仲が悪くなってしまうと、最近の相手の粗ばかりが目立つようになってしまいます。**確証バイアス**（4P参照）も加わることにより、**短期の悪い記憶ばかりが増幅される結果、ますます相手のことを嫌いになっていくのです。**

　ビジネスの世界でも近日効果はよく現われます。たとえば人事考課の制度として360度評価（上司だけではなく、部下や同僚からの評価も受ける制度）を導入している企業は少なくありません。ただ、**注意を促さないと、最近のイメージに引きずられて、それだけで評価を下してしまうことも起きうるのです。**

　実際、ある企業（3月が年度末）は360度評価を取り入

図14 近日効果

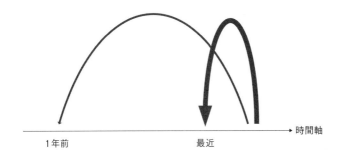

1年前 　　　　　　　　　　　　最近 　　　　→ 時間軸

直近のイメージに引きずられがち

れているのですが、人事考課シーズンが近付く２月や３月に
なると、少なからぬ数の従業員が、急に他の従業員に対する
態度が優しくなったり、協力を申し出ることが増えて困った
といいます。評価される側も人間ですから、自分の評価を上
げるべく、こうした行動に出てしまうわけです。

　近日効果を防ぐ知恵としては、上記のような人事考課であ
れば、年度末に一気にやるのではなく、たとえば四半期ごと
に行うといった方法もあります。ただ、それは負荷もかかる
ため、結局は年に１回ということが少なくありません。
　なお、**全国紙の政党支持調査などは、こうした近日効果を
避けるため、年に数回から月１回程度は調査を行うことで、
この罠を避けようとしています。**

季節バイアス

「2月と8月は売れない」は理由がある

定義 ▶ その季節の特徴を言動や行動に反映してしまう傾向

季節バイアスは、質問への答えや行動がその季節の特徴の影響を受けてしまうバイアスです。前項の近日効果の現れと見ることもできますし、2Pで紹介したプライミング効果の現れと見ることもできます。

このバイアスは、アンケートなどでも注意すべきバイアスの1つとされています。

たとえば「好きな食べ物は何ですか?」という問いを夏に行うと、どうしても冷やし中華や素麺といった答えが多く登場します。一方、冬にアンケートを取ると、今度は鍋物やおでんといった冬の代表的な食べ物の比率が上がり、冷やし中華や素麺などはほぼ姿を消してしまうのです(おでんについては、コンビニで年中扱うようになったことから、かつてとは異なる傾向になったそうですが)。

季節バイアスは気候だけに影響を受けるわけではありません。季節に根付いたその国の文化などにも影響を受けます。

環境や文化からの影響は大きい

たとえば日本であれば、4月は新生活を始める人も多く、転勤や組織変更も多いですから、何か新しいことを始めたい気分になるものです。12月はクリスマス商戦が始まり、ウキウキした気分になるのもよく見られる光景です（近年はハロウィーンの頃からに前倒しされつつあります）。

　国が変われば傾向も変わります。たとえば韓国の8月中旬は、日本とは全く異なり、国家が独立したときですから、愛国心も高まり、国威を発揚するような言動をする政治家が支持を高める傾向があります。

　人間といえども動物です。体に染みついた季節性を完全に振り払うのは容易ではありません。アンケートなどは、いつ取ったものなのかに注意を払うことが必要です。

ピークエンド効果

終わり良ければすべて良し

定義▶ サービスを受けたときの印象が、
一番高い時（クライマックス）と最後の瞬間の平均で
決まってくるという傾向

　人の評価もそうですが、消費者として受けたサービスの評価なども、必ずしもそのサービスを受けた期間の平均を反映するわけではありません。

　サービス業などで実務的に意識されている効果の1つに**ピークエンド効果**があります。**これは図15のように、最高値と最後の値の平均が印象を決めるという考え方であり、多くのサービス業で当てはまります。**言い方を変えれば、自社のサービスについて顧客に良い印象を持ってほしいのであれば、**気分を高揚させるクライマックスを用意し、また最後の瞬間に力を入れるといいことになります。**映画であれば、途中に非常に印象的なシーンを入れ、また最後に気分が高揚するシーン（あっと思わせるどんでん返しや、カタルシスを感じるシーンなど）を入れれば映画の評価全体も高まるというわけです。

　旅館などで宿泊するとバスで出発する際、スタッフが総出

図15　ピークエンド効果

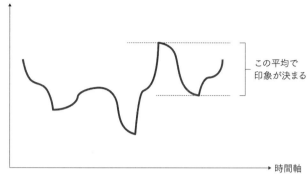

感情の起伏

この平均で印象が決まる

時間軸

最後の高揚感が大事

でお見送りをしてくれることがありますが、それは最後の高揚感を高める典型的な手法です。

　逆に、どれだけ料理そのものが美味しいレストランでも、最後の支払いなどでトラブルが起これば、そのレストランの評価も一気に下がってしまうでしょう。

　なお、ピークエンド効果の他に、「初頭効果」や「終末効果」もよく指摘されます。これは、最初と最後が人々の記憶に残りやすく、それがサービスの満足度に影響を与えるというものです（どの効果がどの程度効くかは状況次第ですが、直感的にもイメージしやすいでしょう）。それゆえ、多くのサービス業では、クライマックスと最後だけではなく、第一印象として残りやすい最初のインパクトを大事にするのです。

77
ピークエンド効果

記憶捏造

記憶は事実を捻じ曲げる

定義▶ 記憶を自分の都合のいいように組み換えてしまう傾向

　人間は実際に起こったことをそのまま記憶しているということはまずありません。 間違って記憶することもありますし、自分に都合のいいように捻じ曲げて記憶していることも少なくありません。そして、**往々にしてその捻じ曲げられた記憶を元に意思決定を下してしまうものです。**

　なお、記憶捏造に近い概念に**「虚偽記憶」**があります。これは実際には起こっていないはずの出来事に関する記憶であり、トラウマ（心的外傷）と関連付けられて語られることが多いものですが、ここではより一般的な記憶捏造について解説します。

　人間が記憶を捻じ曲げてしまう理由にはさまざまなものがあります。たとえばつらい思いをしたら、それを緩和するために、本当につらい部分は記憶から脱落させてしまうことはよくあります。逆に、**非常に嬉しい成功があったら、その中でも自分の貢献を過大に評価したり、その過程での苦しかっ**

人から
賞賛を受けた！

人に
笑われた

記憶は実はいい加減

たことさえも美化するというのも自然な脳の働きです。

　筆者は起業家の方にお話をうかがうことも多いのですが、成功した企業では「記憶は残るのではなく、作られるんだなあ」と感じることが少なくありません。

　たとえば、よく社史などが作られますが、往々にしてそこで語られていることは、捏造とは言わないまでも、かなり美化された内容になっているものです。社史は組織文化を作るツールとしても使われるわけですが、実はそれは誤って記憶された過去に基づいていることも多いのです。そのこと自体は否定されるべきものではないかもしれませんが、あまりに美しい話ばかりが並んでいて現在の実体と乖離（かいり）しているようなら、その裏側を確認することも必要かもしれません。

8章

「テクノロジー」に関連する
心理バイアス

SF効果

分かりやすい物語には
用心を

定義▶ 有名なSFのように物事が進むと思い込んでしまうこと

「SF（空想科学小説）とは未来に関する思考実験である」
という言葉があります。つまり、SFはフィクションではあ
るものの、何かしら未来に関するあるレベルの仮説を提示し
ているというのです。

　事実、SFの中のことだけと思われていたことが2020年
現在、実現したものは少なくありません。たとえば、まだコ
ンピュータが巨大で計算速度も非常に遅かった時代に、すで
に現在のノートパソコンやタブレットに相当するものの存在
は予言されていました。また、人工子宮などのバイオ関係の
技術が進むことも予想されていましたが、これも数年前に哺
乳類でほぼ実現しました。特に、機能が向上したり小型化し
たりといったものについては、SFの中で描かれたものが実
現した例は少なくありません。

　SFは小説ならではの効果を持ちます。第一にストーリー
性がありますから、人々の記憶に非常に鮮烈に残ります。た

とえばH・G・ウエルズの『透明人間』の最後の悲劇的な結末は人々の記憶に残り続けます。

また、**感情移入しやすい**のも小説の特徴です。その結果、新しい技術が「自分事」として実感されやすいのです。

SFは、科学者や技術者の好奇心を駆り立て、世の中を変えるエンジンとなってきた側面もあります。一方で、特に科学のリテラシーの低い人にとっては、SFに書かれた悲劇的な内容が、新技術を受け入れる上での心理的ハードルになってしまうこともあるのです。

たとえば遺伝子組み換えの技術が生まれた頃には、「人間がフランケンシュタインを作れるようになった」と言われたものでした。遺伝子組み換えは適切に行えば、創薬や品種改良など大きな恩恵をもたらすものですが、SFが頭に残っている人間には、どうしてもそちらの方が影響を与えやすいのです。反対派からすれば「フランケンシュタインが生まれてもいいんですか？」と言えば、これは**理性ではなく情動に訴えかけます**から非常に効果的なわけです。

昨今のAIの進化も、ジョージ・オーウェルの『1984年』に描かれた「ビッグ・ブラザー」が支配する暗い世界を招きかねないと危惧する人もいます。**新しい技術に反対する際には、悲劇的な内容が印象的なSFを引用すると、多くの人を巻き込みやすくなるのです。**

恐怖本能

人は「知らないもの」を
恐れる

定義▶ 不慣れなもの、新しいもの、
見たことのないものに本能的に恐怖心を感じること

　子どもは一般的に好奇心が旺盛ですから、よほど見かけが怖そうなものなどでない限り、それを触ったり、何ができるかを調べようとするものです。それに対して大人は、過去の経験からいろいろ学んだ結果、**「新しいものにうかつに触れたり取り入れようとすると痛い目に遭うことがある」**と考えるようになっていきます。特にマーケティングでいう**レイト・マジョリティ（後期大衆）以降のユーザー**はそうした傾向が強く、他の人が使い始めて便利だ、あるいは安全だということが分かって初めて新製品や新技術を受け入れる傾向があります。

　図16に示したのは典型的なユーザーの分布ですが、**イノベーター**と呼ばれるマニア層と、**アーリー・アダプター**と呼ばれる**賢明な早期受容者**は、足し合わせても全体の概ね**16％程度**と言われています。**逆に言えば、それくらい新しい技術などを早く受け入れる層は少数派ということです。**

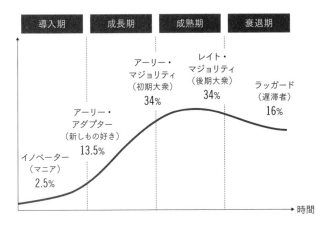

図16 顧客のタイプ

| 導入期 | 成長期 | 成熟期 | 衰退期 |

イノベーター
（マニア）
2.5%

アーリー・
アダプター
（新しもの好き）
13.5%

アーリー・
マジョリティ
（初期大衆）
34%

レイト・
マジョリティ
（後期大衆）
34%

ラッガード
（遅滞者）
16%

→ 時間

　特にレイト・マジョリティ以降の人々は、リスクを過大評価する傾向があります。その原因となっている要素にはさまざまなものがありますが、印象に残るストーリー（自分の知人が遭遇した事例なども含む）はそうした傾向に拍車をかけます。

　問題は、こうした人のかなりの部分は、新しいもの全般にそのような発想を持ってしまいがちな点です。新しいテクノロジーといっても、たとえばITとバイオでは本来異なるはずなのですが、それらをまとめて「新しいものは避けたい」となってしまうのです。逆に言えば、そのタイプの人には「これって新しいけど大丈夫ですか？」などと言えば、利用を控え、過去のものにこだわる可能性が高くなるのです。

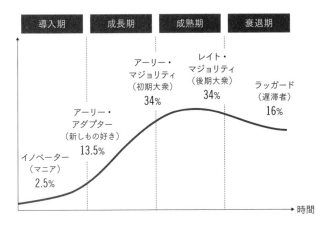

グーグル効果

教養には意味がある

定義▶ 技術に頼りすぎ、人間の能力などが低下してしまう傾向。
ときには必要以上に人間を怠け者にしてしまう

　グーグルが提供する検索サービスは非常によくできたサービスであり、検索語を多少工夫して入れていけば、だいたいの知りたい情報をすぐに教えてくれます。いまの時代はスマートフォンも手元にあるので、オフィスや家に戻って改めてパソコンで確認する必要もありません。

　一方で、それが原因で**「後でグーグルで調べればいいや」と、何かを記憶したり、考えを進めることを放棄してしまう人が一定比率存在します。**これが典型的な**グーグル効果**です。「グーグル」という特定企業の名前はついていますが、技術の進化により、そこまで人間が頑張らなくても何とかなるという発想全般に当てはまります。

　もちろん、技術を適切に用いることで、それまで必要だった能力が不要になることも確かにあります。たとえば車が発達する前は、100kmの道のりを半日程度で行くにはかなりの体力とスキルを必要としました（馬で移動するなどの手段もありますが、ここではいったん捨象します）。しかし現代

では、車を使えばだれでも100kmを半日で行くことはできるわけであり、そのような能力は運動選手などの特殊な目的を持った人以外には不要になっています。

　計算も、かつてはソロバンの技術が必要でしたが、いまはそれがなくても簡単に機械を用いて計算を行うことができます。

　ただ、だからといって、人間がひたすら怠け者になっていいというわけではありません。**特に思考の力は人間の生産性を大きく左右する部分です。ある程度頭の中に知識やレファレンス（参考情報）がないと、やはり好ましい結果は生まれません。**

　機械に適度に頼ることのバランスは難しいですが、それに任せ過ぎると、どんどん人間は劣化してしまうのです。

アルゴリズム中立バイアス

アルゴリズムは
中立ではない

定義▶ AI（機械学習）のアルゴリズムでは
人間並みのバイアスが入らないと思い込んでしまう傾向

　アルゴリズムとは端的に言えば、どのような手順や段取り、ルールで計算を進めていくかを決めるものです。 そしてその手順をプログラミング言語で実際に記述したものがプログラムです。

　たとえば集団の平均値を求めて、各サンプルがその平均値より大きいか小さいかを判断するとしましょう。このケースであれば、①まずはすべての数値を足し合わせてサンプル数で割り、平均値を求める、②次いで、順次「サンプルの数値ー平均値」がプラスかマイナスかを判断し、大小を判断する、というアルゴリズムを組むことになるでしょう。

　100個の数字を小さい順に並べる作業を進めるためのアルゴリズムは、もう少し複雑になります。一例としては、任意の順番の数字をその前の順番の数字と比較し、必要に応じて順序を入れ替えていくようにすると、最終的には小さい順に数字が並びます。

　一方、毎回乱数を用いて数字をランダムに並べ、100個の

数字が小さい順に揃ったらそこで止めるというアルゴリズム
は、作ることは可能ですし簡単ですが、実際には効率が悪い
ため、実用には用いられないでしょう。数が増えて1億個と
もなると、それが小さい順に並ぶ可能性は極めて小さく、と
ても実用に耐えそうにありません。

**このように、アルゴリズムは本来無機質なもので、そこに
バイアスが入り込む隙はないように思われます。しかしそれ
は錯覚です。** どこに隙があるかと言うと、それはAI≒機械
学習に用いたデータです。実は先に示したアルゴリズムはか
なり原始的なもので、昨今のAIとビッグデータの時代にお
いては、**AIが過去のデータから学習し、機械自らがバイア
スを作り上げてしまうのです。**

たとえばアマゾンが採用面接でAIを用いていたある時期、
過去の採用者に男性が多かったため「男性の方が好ましい」
と誤って学習してしまい、応募書類に「Woman」などの言
葉がある場合、低くレーティングしてしまうことが生じてし
まったといいます。

**AIの強みは学習ですが、学習にはその元となるデータが
必ず必要になります。そこに何かしらのミスや、人間のバイ
アスによる偏りが生じていると、AIにもそのバイアスが乗
り移ってしまうのです。** AIの計算結果だから信頼すべきと
いうことは全くないのです。

ビッグデータバイアス

「大量」のデータと
「全数」データは違う

定義▶ 大量のデータを大量というだけで
効果的なビッグデータと錯覚してしまうバイアス

　近年、非常に流行っている言葉が**ビッグデータ**です。ネット上のさまざまな行動（サイト訪問、クリック、購入など）はもちろん、最近ではオフラインと呼ばれるリアルの行動も、IoTやウェアラブルなどにより、かなり捕捉できるようになってきました。

　ビッグデータをビジネスに活用している分かりやすい例がアマゾンのリコメンデーションや、フェイスブックやツイッター等の画面です。アマゾンのリコメンデーションは過去の検索キーワードはもちろんのこと、類似の購買行動をしている人間がどのような商品を買ったかという情報に基づいて行われます。フェイスブックの画面表示は一人ひとりすべて異なっており、フェイスブックのアルゴリズムに基づき、ユーザーにとって最適な情報がタイムラインに流れるようになっています。もちろん、そこで出てくる広告も、過去の投稿やあなたが「いいね」を押したコメントなどに基づいて表示されるようになっています。

GAFAに代表されるプラットフォーム企業が強いのは、こうしたビッグデータが集まることにより、それを活用して快適なユーザー体験を提供できるからでもあるのです。

　それに倣って他の企業も多くのデータを集め、そこから示唆を得、有効なアクションにつなげようとしています。しかしそこには罠があります。確かに一般企業でも、ウェブ上のユーザーの行動解析などは比較的安価にできるようになりました。しかし、GAFAのユーザーに比べるとそこまでデータが多いわけではないので、**往々にしてビッグデータと呼ぶにはふさわしくない量のデータに基づいて何かしら先走ったアクションを取ろうとしてしまうのです。**

　たとえばユーザーが数百人程度のウェブサービスがあったとします。少ない人数ではありませんが、**ビッグデータと呼ぶにはやや小さい数字です。**そこからいろいろな情報を取ったとしても、このレベルでは**まだビッグデータならではの的を射た提案などはしにくいものがあります。**さらにデータを集めて仮説を検証していかないと、必ずしも効果的なアクションにはつながらないことも多いのです。

　人は流行りの言葉に弱いものです。「ビッグデータがあります」という言葉を鵜呑みにして、GAFAと同様のことができると考えるのはときとして早計なのです。

因果不明の罠

AIは「因果」でなく「相関」

定義 ▶ 因果関係が分からないがゆえに、
機械を信じられないという傾向

　　AI の機械学習の世界観は「因果関係よりも相関関係」です。つまり、**人間には因果関係がよく分からないリコメンデーションなどが出てきても、「それで結果が出るのであればいいじゃないか」という発想です。**

　たとえば、ある会社の採用において、過去のデータから「イニシャルはＡかＫかＳの方が当社では成功しやすい」と提案され、**実際にそれを実行してみて悪くない結果が出るのであればそれでいいとする発想です。**

　ただし、これは 70P で触れた「人間は因果関係を理解したがる」性向と相反してしまいます。あくまで傾向ですので、すべての人が因果を欲しがるわけではないのですが、会社のキーパーソンが「因果関係よりも相関関係」の世界観に慣れてくれないと、せっかくの機械学習の成果をどぶに捨てることになりかねません。

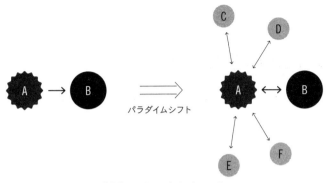

図17 因果重視から相関重視へのパラダイムシフト

パラダイムシフト

「理由」は分からなくてもいい?

　一方で、これはあくまで予測ですが、「若い人ほどそれほど因果関係を気にしなくなるのではないか」という向きもあります。子どもの頃から機械が出してくるリコメンデーションの便利さに慣れてしまえば、多少の違和感は気にならなくなるというのです。

「因果不明の罠」は良い方向にも悪い方向にも働きえます。良い方向としては、実際にパラダイムはそちらに移りつつあるわけで、それに馴染みやすい点です。

　悪い方向としては、190Pで紹介したグーグル効果同様、物事を突き詰めて考える習慣がなくなる結果、思考力が弱まるというものです。

　AI進化の過渡期ゆえの現象かもしれませんが、因果関係にこだわりすぎるのも、逆に無関心すぎるのも問題なのです。

84
因果不明の罠

デフォルトの罠

初期設定には理由がある

定義▶ 初期設定（デフォルトの設定）に誘導されやすい傾向

　現在は法律上、勝手なことはできなくなりましたが、2008年に迷惑メールに関連する法改正があるまでは、広告宣伝メールなどの送信は、オプトアウト方式が主流でした。これは、受信者側から見るとメールを送信することは原則自由で、受け取りたくない受信者は個別に受信拒否の操作をするというものです。迷惑メールが鬱陶しいと思っていても、**わざわざ拒否する手間も面倒なので、初期設定のままにしているユーザーも多かったのです。**

　初期設定のままにする心理は、このように「面倒くさい」というものが一番多いようです。そしてもう1つ多いのが「無知だった」というものです。

　ただ、売り手は当然その隙をついて自分が有利になるようにしようとするものです。たとえばマイクロソフト社のWindows の初期設定のブラウザは当然エッジですし、ブラウザに最初にあらわれる画面も MSN のニュースページです。

図18 最高裁判所裁判官の国民審査の投票用紙

藤○○美	○○太郎	黒○○文	○川○美	○○美子	○山○太	片○○一	○原○子	×を書く欄	注　意
								裁判官の名	一　やめさせた方がよいと思う裁判官については、その名の上の欄に×を書くこと。 二　やめさせなくてよいと思う裁判官については、何も書かないこと。

多くの人はそこから自分用にあつらえたものに変えるのです
が、この初期設定のままにしておく人も多いでしょう。それ
は少なからず、マイクロソフト社の利益に貢献しているのです。

　別の例では、現在、日本で行われている最高裁判所裁判官
の国民審査は、デフォルトが「無印＝信任」になっており、
「×」を付けなければ信任票と見なされます。現在のデフォ
ルトは、裁判官に非常に有利になっていると言えるでしょう。

　身の回りで使っているものには何かしらの初期設定がある
ものです。**それはユーザーの利便性を考えたものの場合もあ
りますが、ときに売り手のマーケティング上の理由**であるこ
とも少なくないのです。

「人間は変わらない」バイアス

ラクだから
「変わらない」と思い込む

定義▶ 人間という動物は変わらないと思い込んでしまうこと

　よく歴史を学ぶ意義として言われることに、「人間の本性や人間という動物の特性は変わらない。だから歴史を知ることは人間を知ることにつながるのだ」という意見があります。

　それは一面では正しいのですが、本当に人間が大昔のままかと言えばそんなことはありません。たとえば、190Pでも述べたように、ITが進化すれば人間の記憶力の必要性が下がり、それが当たり前と感じる人も増えていくはずです。それは教育の在り方などにも影響を及ぼしますし、人間の思考パターンそのものを変える可能性もあるでしょう。

　あるいは、これからはAR（拡張現実）やVR（仮想現実）などがどんどん発達していくことが予想されています。その結果、人間はリアルの空間と触れる頻度が減り、空間認知能力が劣化するという予測もあります。

　より重要なのは、人間の欲求の変化かもしれません。人間

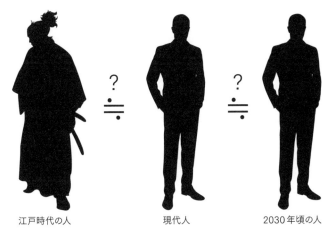

| 江戸時代の人 | 現代人 | 2030年頃の人 |

「人間は永遠に変わらない」のか

の欲求は良くも悪くも人類を進化させていく原動力となってきました。しかし、**技術が進化すれば、非常に安価に人間の根源的欲求——食欲、睡眠欲、性欲など——が満たせると**する予想もあります。権力欲やお金に対する欲求は多分にそうした根源的欲求を満たすことと連動していたとも言えるわけで、そのような「アニマルスピリッツ」に直結する欲求が変わることは、それに支えられた資本主義そのものを変化させてしまうかもしれません。それがどのような世界なのかを予測するのは簡単ではないでしょう。

「人間なんてそうは変わらないさ」という発想は、実は思考停止を促す無責任な発想なのかもしれません。

9 章

ネットの情報発信、
情報収集などで
ありがちなもの

エコーチェンバー現象

ネットの情報には
偏りがある

定義▶ SNSなどで非常に少数の言説に支持が集まり、
それに気づかずに世論と見誤ること

　ネットの掲示板やコメント欄、SNSなどに投稿したり読んだりする人は多いと思います。それを見ていると、ある意見が非常に多数派を占めているように思うことがありますが、実はそれは錯覚というケースが少なくありません。似た考えを持つ人は集まりやすいというのがその理由です。

　また、往々にして発言力の極めて強い人々がおり、彼らの言説に引っ張られてしまう側面もあります。媒体の質やテーマにもよるので一概には言えませんが、**ある掲示板などでは、そこに書き込んでいる1％程度の人が全体の投稿の95％以上を占めていたとする報告もあります。**

　ビジネスではよく**パレートの法則**（**80-20の法則**とも言います。**上位20％の人や事柄で全体の80％程度を占めるという経験則です**）が生じますが、ネットの投稿はそうした割合が当てはまらないほど偏ってしまうことがあるのです。

図19 偏った分布

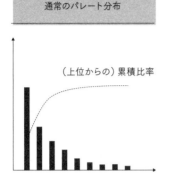

| 通常のパレート分布 | ネットの発言などで
ありがちな分布 |

（上位からの）累積比率

（上位からの）累積比率

　それにもかかわらず、多くの人はそのような事実は知りませんから、ネットの意見を世の中の意見と勘違いしてしまうことが生じるのです。

　よくメディアリテラシーという言葉が使われます。これはメディアで流れている情報を多面的に読み解き、その真贋も含めて判断する能力のことです。ただ残念ながら、このリテラシーを高いレベルで持っている人は多くありません。

　SNSなども含め、投稿数やシェア数だけではなく、「誰の意見か」も同時に見る癖などをつけないと偽の世論に翻弄されやすくなってしまうのです。

文章量効果

長文に騙されるな

定義 ▶ 文章量を質や重要度と錯覚する傾向

何かしらのテキスト文書は、多く情報が書かれている部分が重要だという錯覚をもたらします。例として以下の文章を見てみましょう。

Aパターン

「先程、営業担当から報告がありましたが、お客様側としては大変満足のいく内容だったとのことです。講演の内容もさることながら、インタラクティブな進め方や、ユーモアを交えた進行などは非常に高い評価をいただきました。イレギュラーなお願いにもかかわらず、大変ありがとうございました。これもひとえに○○さんのご経験と機転によるものと思います。

　ただし、やはり今後は、今回のようなイレギュラーな受注は避けるべく対策をとりたいと思います。引き続きよろしくお願いいたします」

Ｂパターン

「先程、営業担当から報告がありましたが、お客様側として
は全般的に大変満足のいく内容だったとのことです。

　ただし、やはり今回のようなイレギュラーな受注は避ける
ことが必要かと思います。過度な要求に都度答えていては、
満足度は高くなるかもしれませんが、それ以上に講演者の
方々の準備に手間がかかる可能性がありますし、期待値を必
要以上に高くしてしまう可能性もあるからです。今回は営業
担当者が新人であることもあり、意思疎通の問題でこのよう
な結果になりましたが、こうしたコミュニケーションミスが
起こらないよう、対策を徹底したいと思います」

　Ａは、講演者に対する感謝にスペースを使っています。お
そらく、読んだ人はそれが言いたかったことと感じるでしょ
う。それに対してＢは、今後の再発防止に文字数を使ってい
ます。そちらの方を重要と書き手は感じて書いたと読み手は
思うでしょう。

　実際にどちらが大事なのかは場面によって変わりますが、
本来多めに語らないといけない部分を薄くしたり、その逆の
ことをすると、伝わるものも伝わらなくなってしまう可能性
が生じるのです。**それを逆手にとって重要な部分から目をそ
らそうと考える相手もいるので油断大敵です。**

繰り返しバイアス

繰り返しには意味がある？

定義▶ 繰り返しが多いと重要と考えてしまう傾向

　繰り返す行為は何かに注意を向ける上で非常に単純かつ分かりやすい方法です。

　たとえば社長が組織に戦略を浸透させたいなら、毎週の朝会でその戦略の方向性や意義を繰り返し伝えれば、従業員は「またか」とは思いつつも、やはり戦略は浸透していきます。

　文章でも、章末に繰り返し出てくるフレーズがあれば、読者は「これを著者は言いたいのだろう」という勘が働き、言いたいことを伝えやすくなります。たとえば「可視化」（見える化）というキーワードが毎章末に必ず使われていれば、その著者は経営における重要なエッセンスは可視化だと考えていることは容易に想像が付きます。

　問題は、これを、本来目を付けられたくない事柄から意識をそらすためのテクニックとして使うケースです。たとえば投資家向けのIR報告サイトにおいて、Ａ事業の先行きにつ

いて何度も繰り返して語れば、読み手はＡ事業が大事なんだろうと思う可能性が増します。しかしそれは、投資家に目を付けられると困るＢ事業の問題から意識をそらすためのテクニックである可能性もあるのです。

交渉シーンなどでも、納期の話ばかりを繰り返せば、相手は「納期を遵守することが重要なんだな」と錯覚して、他の条件を重く見ない可能性が生じます。その実、納期はそれほど大きな問題ではなく、価格がやはり大事だとしたら、これは相手の思うままに操られてしまうことになるのです。**繰り返されること＝大事なことという思い込みは逆手に取ることも可能なのです。**

フォント効果

目立つものに
目を奪われるな

定義▶ 小さいフォントの文字などは重要でないと考える傾向

　これは206Pの文章量効果に似た効果です。通常、メールでもパワーポイントでも、重要な事柄は色を変えたり、アンダーラインを引いたり、ボールド（太字）にして示すことが多いでしょう。また、単純にその部分だけ文字のフォントを大きくすることもよくあります。特にパワーポイントの場合、地の文章は20ポイントくらいの大きさなのに対し、強調したい部分は32ポイントや40ポイントの大きな字にすることは少なくありません。

　単純ではありますが、「大きい」「太い」「色などが目立つ」ことは人々の関心を引き付けやすく、それゆえ何かを強調するときに用いられやすいのです。

　一方で、逆に言えば、重要であるにもかかわらず、通常と同じトーンの文字で書いたり、ましてやその部分が目立たないフォントにしてしまうと、本来伝えるべき重要なポイントが読み手に伝わらないことになってしまいます。

図20 フォント効果

> ✓ ウォルマートは営業経費を徹底的に
>   ロー・コスト・オペレーションで削っている
>
> ✓ 本社も質素で無駄にコストをかけない
>
> ✓ 大手競合のいない地方都市では、
>   そんなに安く売ってない。
>   地方で一番なので高いマージンになっている
>
> 実は、ウォルマートの仕入れは安くない。
> 仕入れ原価だけで勝負したら、規模の効く先行大手競合に勝てなかった

　特に危険なのは、図20に示したように、パワーポイントで一番下に重要なメッセージがあるにもかかわらず、それを非常に目立たない形で示してしまうことです。これに似たようなことは実際にも起こっており、重大な事故を引き起こすきっかけになったこともありました。

　また逆に、あまりに強調を多用しすぎて、結局何が重要な点だったか分からないということもよく起きています。これは若手がプレゼンテーション資料の作成でよくやりがちなミスですが、**中には、本来注目されると困る部分（プロジェクトがうまくいっていない、売上があがっていないなど）の印象を弱めるために用いられることもあるので、読み手も注意が必要です。**

「坊主憎けりゃ」バイアス

ミスを憎んで人を憎まず

定義▶ 好ましくないと思っている人間に
関係することすべてを否定しようとする傾向

　これは**「坊主憎けりゃ袈裟まで憎い」**という古くからの諺そのままのバイアスです。40Pで紹介した「好き嫌いバイアス」のネガティブな部分をさらに強化したものと言えるでしょう。

　いったんこのバイアスにはまると、その人の発言のみならず、**賛同者の発言や関係者、さらには嫌いになった人間に関するあらゆる要素までが否定的に見えてきます。**たとえば、Aさんを嫌いになれば、彼／彼女が好きな食べ物まで好ましくなくなるということです。

　このバイアスは、心理学的には**バランス理論**で説明されます。**バランス理論とは好き嫌いの対象が複数ある場合、心の中のバランスが保たれている方が心地良く感じるというもの**で、以下のように説明できます。
　まず「自分→Aさん」への感情がマイナス（嫌い）、「A

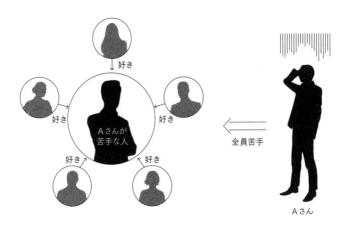

さん→Bさん」の感情がプラス（好き）としましょう。このとき、自分もBさんが好きだと、「自分→Aさん」への感情のマイナスのみが残り、居心地が悪く感じるのです。一方、自分からBさんへの感情がマイナスになると、マイナスとマイナスが打ち消し合ってバランスがとれ、自分としては居心地良く感じられるようになるというのが心理学的な説明です。

この心理をうまく使うと、「敵の敵は味方」のような感じで相手の考え方を誘導することもできます。

たとえば、「君の支持している夫婦別姓だけど、君の大嫌いなあの〇〇議員や△△議員が熱烈な支持者なんだよね」と言えば、相手もそれに居心地の悪さを感じ、自らの主張を弱めたりする可能性が生じるわけです。

一貫性

失敗の本質は
「一貫性」にあり

定義▶ いったんある立場を取ると、
それと一貫した態度を取らないと
見栄えが悪いと感じてしまうバイアス

　人間には、意見をコロコロと変える人を好ましく思わない傾向があります。たとえば昨日は自民党支持と言っていた人が今日は共産党支持、その翌日には維新の会支持と言ったら、さすがに「彼／彼女の主張や態度は**一貫性**がなくてなんだかなあ」と思う人が多いでしょう。

　こうした傾向の反動として、一般に人間には「意見や態度をすぐに変えるのは他人からの見栄えが良くない。これまでの意見や態度を維持しておこう」という心理が働きます。また「ブレない」ことを良しとする風潮もあります。

　これは１つの知恵ではあるのですが、**あまりに過去の意見や態度にこだわることは、かえって自分の評判を傷付けてしまうことにもなりかねません。**

　たとえば、ネット上であるタレントの問題発言を当初は擁護する側に回ったとします。それは単純にそのタレントに好意を持っていたからかもしれません。

しかし、どんどん好ましくない新しい情報（過去の問題発言など）が出てきているにもかかわらず、ずっとそのタレント擁護の立場を取り続けたら、「さすがにこの人は世論が分かっていないんじゃないの？」「頑固すぎだ」などのレッテルを貼られかねません。「自由市場を愛する」「全体主義には反対する」といった、人生の根幹にかかわる主義主張ならまだしも、タレントの発言程度に過度に態度を固定してしまって自分の評判を落とすことは賢明とは言えないでしょう。

あえてそれを誘導する人もいるので要注意です。本人としては何かしら態度を変えたいときに「まさか、〇〇さんはいまさら意見を変えるなんてことはありませんよね？」「昨日まで言っていたことを撤回なんてしませんよね？」などの発言が寄せられると、本人としては「変えたい」という思いがあっても、簡単にはその立場を崩せなくなってしまうのです。

一貫性は交渉術のフット・イン・ザ・ドア・テクニックでも有名な概念です。 たとえば、寄付などを募る際に、まず10円や100円といった少額からスタートし「寄付をする（良い人間である）」という態度を取らせた後に、10000円などのよりエスカレートした要求を出していくのです。断る人間もいるでしょうが、体面を気にする人や気が小さな人は、そうしたエスカレートした要求を断ることができなくなってしまうのです。

SUCCESsの法則

メッセージの6原則

定義▶ 人々の記憶に残り、思考に影響を及ぼすような
メッセージには6つの共通点があるという法則

ハース兄弟は、有名な政治家や運動家のスピーチや、都市伝説などを集め、記憶に残るメッセージの特徴を6つのポイントにまとめました。その頭文字を取ったのが、以下のSUCCESs です。

Simple（単純である）

Unexpected（意外性がある）

Concrete（具体的である）

Credentialed（信頼性がある）

Emotional（感情に働き掛ける）

Story（ストーリー性がある）

1つ目は**単純明快であること**です。人間の記憶の容量はそれほど大きくはありませんから、その限られた容量の中に収まる程度に単純化されている方がいいのです。

2つ目は**意外性**ですが、これも容易に納得できるでしょう。

映画や小説などでは、一番記憶に残るのはその意外性の部分だったというようなケースは多いはずです。

　３つ目は**具体的なこと**です。逆に言えば、抽象的なことには人間はなかなか魅かれないということです。およそ40年前に「口裂け女」という都市伝説が流行ったことがありますが、「身長は２メートルで、100メートルを６秒で走る」といった具体感が子どもたちを怖がらせました。

　４つ目は**信頼性**です。語っている人の実績や実力などに裏付けられていることが一番ですが、20Pで説明した「権威」をうまく活用することでこれを増すこともできます。

　５つ目の**感情に訴える**は言うまでもないでしょう。企業の新事業であれば「ワクワクする」という感情をかき立てることが重要ですし、仮想敵を設定するなら「怖い」「恐ろしい」といった感情を刺激すると有効です。

　最後の**ストーリー性**も重要です。人はランダムに並べられた項目を記憶することは苦手だからです。ストーリーは、筋道があるので記憶しやすいですし、思い出しやすくもなります。また、感情に訴えかけることや、聞き手の想像力をかき立てることにもつながるからです。

　ただ、**逆に言えば、内容が多少薄くても SUCCESs の複数（全部でなくてもいい）を満たしていると、人はその話に影響される**とも言えます。内容そのものを見極める冷静さも持っておきたいものです。

10章

日常生活でも発生する
心理バイアス

バンドワゴン効果／アンダードッグ効果

中立は難しい

定義▶ 有利な方に乗っかる、
あるいは逆に不利な方を応援する心理的傾向

バンドワゴンとは、もともと行列の先頭を行く楽隊車のことです。**「バンドワゴン効果」は、ある製品や人物の人気や支持率が高まるほど、ますますそれが加速していく現象を指します。**

それが見られるのは選挙のときなどです。選挙では通常「票読み」と言われる予測がなされたり、アンケートによる途中経過報告などが行われたりします。このときに勝ち馬の方に乗るのがバンドワゴン効果です。その理由にはいろいろなものがありますが、最も典型的なものとして、**勝つ側に付いていた方が有利と考える**、そもそも支持者が多いため、そうした**周りの人々の意見に感化されやすい、「周りと同じ」ことに心の安定を感じる**、などの理由が挙げられます。悪く言えば付和雷同とも言える発想法です。

こうしたタイプの人に選挙などで自分の推す候補に投票してもらいたければ、嘘でもいいので「票読みの結果、〇〇さ

んが断然有利らしいね」と囁けば、彼／彼女が〇〇さんに投票する可能性は上がるでしょう（なお、人によっては後述するアンダードッグ効果の性向を持つ人もいるので見極めは必要です）。

バンドワゴン効果はマーケティングでも有効です。たとえばある製品について、周りの人が多くそれを持つようになると、「あの製品は大丈夫なのだろう」と安心感が生まれます。 また、情報も入りやすくなることなどから、自分もそれを買うことに抵抗がなくなっていくのです。

　ファッションなど、流行に遅れると恥ずかしいなどという意識を持ちやすい商材は、このバンドワゴン効果がより強く働くことがあります。音楽なども、かつては「この曲を知らないと恥ずかしい」という意識が働くことがあり、ヒット曲や過去の名曲は、同世代のほとんどが知っているという状態がしばしばありました。

バンドワゴン効果とは逆のアンダードッグ効果は、日本語でいう判官贔屓に近いものがあります。 天の邪鬼とまではいいませんが、人と違うことに価値を見出すタイプの人は、しばしば選挙で死票覚悟で泡沫候補に投票したり、ファッションなどでもあえて流行に左右されない態度を取ろうとします。

　こうした人には、「それって周りと同じだよね」などと囁くと、それと逆の行動を取ることが少なくありません。

犯人探し本能

スケープゴートを探すな

定義▶ 悪いことが起きたときに、単純な原因（＝犯人）に
すべての責を負わせようとする考え方

　これまでにも述べてきたように、**人間は物事を単純化した
がる傾向があります。**もともとそういう傾向がある上に、**何
か悪いことが生じると「原因はこれだ！」と短絡した「犯人
探し」が行われることがあります。**

　たとえばマスコミなどで、犯罪者のプロファイリングがし
ばしばなされますが、特定の性向をその犯罪の原因に結び付
けようとする報道がたまに見られます。

　少年少女を惨殺したという事件であれば、容疑者の家に猟
奇的な DVD や書籍があったりすると、安易にそれを犯罪の
原因と匂わせるような報道をしたりするわけです。

　現実にはマスコミもそこまで単純に考えていないケースも
多いのですが、それでは視聴者には受けが悪いため、あえて
偏向に近い報道が放置されることも少なくありません。結果
として、多くの視聴者はまさに「犯人」探しに関心を持つよ
うになるのです。

原因が分からないと落ち着かない

　なお、犯人探し本能は別の意味で用いられることもあるので、そちらも説明しておきましょう。それは、**何かトラブルが起こると、再発防止のようなポジティブな方策を考えるのではなく、犯人（ここでは人物です）探しという、往々にして非生産的な営みに時間を使ってしまう傾向を指します。**

　これは、特に自分にも非があるときに、より大きな非のある人間を探し、彼／彼女に全責任を負わせようという行動として現われることもあります。

　ちなみに、この犯人探しを止め、同じトラブルが起きないことにフォーカスしたのが、トヨタ生産方式です。

　犯人を探したくなるのは人間の自然な思考だからこそ、そこからうまく決別できると、一気に組織の生産性が上がることもあるのです。

後知恵バイアス

後からなら誰でも言える

定義▶ 結果を見てから、
「こうなると思っていた」と言う心理的動き

　人間は当然、将来のことを正確に予想することはできません。しかし、一定の立場になると、予測があまりに外れるとみっともない状況になります。そうしたときによく生じるのがこの**後知恵バイアス**です。

　実際にそれをよく見かけるのはスポーツ中継でしょう。（筆者の勝手な印象ですが）他のスポーツに比べてもプロ野球の中継などでそれをよく見かけた気がします。

　「だからあのときこのピッチャーに代打を出すべきと言ったんですよ」「だからこのバッターにカーブを投げるのはダメって言ったんですよ」という感じです。

　ただ実際に事前にそう言っていたかというとそんなことはなく、「ここは代打を出すか難しいところだね」「このバッターは変化球を打つのは得意ですよ」くらいだったりします。つまり、確かに何かしら関連することを言っていたりはするのですが、断言まではしておらず、結果を見て後講釈で喋っ

後知恵には要注意

ているだけなのです。

　これはビジネスシーンでもしばしば見られます。**「自分は先見性があった」「自分の方が正確な予測を立てられるだけの聡明さがあった」**といったことを強調したい動機が働くのです。「あんなプロジェクトがうまくいくわけがないのは、最初から分かっていたじゃないか」などというのは典型的な後知恵バイアスです。

　ただし、**後知恵バイアスは比較的見破られやすいバイアス**ですので、その人の評価を落としたいなら、そうした発言を**誘導するようにプライマーを与える**といったテクニックもあるので要注意です。

ツァイガルニック効果

誰でも「続き」が気になる

定義▶ 達成されていない課題や、中断された課題に関する記憶は、
達成された課題の記憶よりも強く残るという効果

　人は、いったん課題が達成されると、そのことに関する緊
張が薄れ、内容なども忘れてしまうものです。その典型は入
学試験に関する知識で、ほとんどの人は試験が終わると、特
に暗記系の科目については、勉強してきたことのかなりの部
分を忘れてしまいます。

　これを避けるためには、常に課題が残っている状態を作る
ことが効果的です。ただし心理的な負担は増すので、いつま
で同じ課題を残すかの判断は容易ではありません。

　ツァイガルニック効果はまた、人は未完成なものを記憶し
やすい、さらには完成したものよりも未完成なものにより魅
力を感じる傾向を指しても使われます。

　最も有名な例はミロのヴィーナスでしょう。ミロのヴィー
ナスは両腕が欠けていますが、それがかえって強い印象を残
し、想像力をかき立てるのです。ヴィーナス像は世界中に
多々ありますが、ミロのヴィーナス像の方がはるかに人々の

記憶に残っているでしょう。

　文学や音楽、コミックなどでも未完成品は多く、それがさらに作品の魅力を高めている例は少なくありません。

『ガラスの仮面』（美内すずえ）は単発ものではないストーリー系のコミックとしては「終わらないこと」で人々の記憶に残っていますし、『銀と金』（福本伸行）も唐突に連載が終わったため、「いつ再開するのか」という期待を持たせています。

ツァイガルニック効果はさらに、完成品ができるまでのプロセスに人々は強く惹かれるという効果にもつながります。 映画やCMなどのメイキングのビデオに人々が関心を持つのもこうした効果によるものですし、最初は「知る人ぞ知る」程度だった役者やバンドが大物になっていく様子をファンが楽しむのもその延長と言えます。

　このタイプのツァイガルニック効果を活用している最も典型的な例は、テレビ番組です。**連続ドラマであれば、毎回の最後のシーンが、次回の面白い展開を想起させるものであれば、人々はそれを強く記憶に残し、期待を募らせます。**

　バラエティ番組で、「続きはCMの後で」などとするのも同様です。ただし、あまりにやりすぎるとかえって不評を買うので（筆者の場合、それをやりすぎる番組のスポンサーに対する印象が悪くなります）、ほどほどにすることが肝要と言えるでしょう。

ジャムの法則

多すぎると、逆に選べない

定義▶ 選択肢が多いと、選択肢が少ない場合よりも意思決定が
難しくなるという傾向

『選択の科学』の著者としても名高いシーナ・アイエンガー
は、ある小売店において、2つのテーブルを用意し、片方の
テーブルには6種類のジャム、もう片方のテーブルには24
種類のジャムを並べる実験を行いました。どちらのテーブル
も試食をした人数は同じです。

　この実験のポイントは、最終的に購買に至った購買者の比
率でした。**6種類のジャムのテーブルの購買率がおよそ
30%だったのに対して、24種類のテーブルでは3%にまで
激減した**のです。

**アイエンガーはこの実験結果から、人は選択肢が多くなり
すぎると選択に手間暇がかかってしまい、最終的な購入の意
思決定を下しにくくなると結論付けました。**人間はそんなに
多数の選択肢から最適なものを選ぶ能力を持ってはいないし、
それを強いられることはむしろストレスになるからです。

　ジャムの法則は、店舗運営で実際に活用されています。商
材やシチュエーション（顧客に与えられた時間的余裕など）

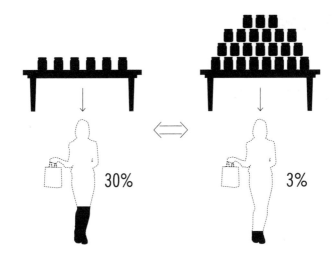

にもよりますが、**平均的な消費財では、５から９アイテム程度の品揃えが有効とアイエンガーは唱えています。**

生産財に関する別の実験では、あるものを選択した理由を文章に書き出さなくてはいけないという条件を付けました。これもいちいちすべてのポイントを書き出していくのは非常に面倒です。その結果、自分が最も好ましいと思う商材よりも、ポイントをかいつまんで説明しやすい商材を選ぶ傾向が見られたということです。**つまりBtoBビジネスでは、往々にして本当に良いものよりも、自分が他人に説明しやすいものを選ぶということです。**ライバルの商材が優れていたとしても、買い手の社内への説明のしやすさを増してあげることで、選択されるチャンスを増やすことは可能なのです。

結論バイアス

同じ主張だから味方？

定義▶ 結論が自分と同じかどうかだけで
すべてを判断してしまう傾向

　人間は味方を求める習性がありますので、主張が同じ人を好む傾向があります。ただ、往々にして結論ばかりに目が行き、その根拠にまで目が行かないのがこのバイアスです。

　たとえば消費税増税に反対する人が複数人いたとします。Aさんの根拠は、「増税より先に行政改革を行うべきだ」だったとしましょう。一方でBさんの根拠は、「消費税ではなく、儲かっている企業への法人税でまかなうべきだ」とします。さらにCさんの根拠は「自分の生活が厳しくなる」だったとしましょう。

　たしかに結論は同じですが、彼らが組んで何かしらのアクションを起こすことにどれほどの意味があるでしょうか？もちろん、選挙同様、どのような理由であれ、多数の支持を集めることには一定の意味がありますが、やはり限定された効果にとどまる可能性が高いでしょう。最終的な方向性は同じでも、拠って立つ背景が異なるため、いざ何かしようとしても足並みが揃わない可能性が高いのです。

結論は同じでも……

　実際、こうしたことは政治の世界ではよく起きています。典型が野党の共闘です。まずは同じ目的に向かって協力体制を築くものの、根源の目的が異なりますから、仮に目前の目的を達成したとしても、その後の方向性や方法論に関する食い違いで、にっちもさっちも行かなくなってしまうのです。

　ビジネスにおいても、何か世論を喚起しようとする場合、競合同士が組むことはよくあります。ただ、**やはり同床異夢になる可能性が高く、特に規模の小さい方はうまく利用されてしまうだけということも起こりがちです。**結論の裏にある背景や意図を隠そうとする人もいますが、やはり注意が必要です。

集団浅慮（グループシンク）

「集合知」は意外とバカ

定義▶ 集団で考えるがゆえに、
かえって愚かな意思決定をしてしまうこと

「三人寄らば文殊の知恵」という言葉があります。持っている情報やものの見方が偏った個人一人で考えるよりも、何人かで議論することでより良い結論やアイデアが出るということです。

一方で、**しばしば集団浅慮と呼ばれる逆の現象が起こります**。端的に言えば、集団で考えるがゆえにかえっておかしな結論を出してしまう傾向です。これは**集団凝集性（まとまりや求心力）が高くて同調圧力が強くなりやすい、クローズドな環境であるなど、いくつかの条件が重なったときに発生しやすいとされています。**

集団浅慮の兆候としては以下があります。

- 代替案を十分に精査しない
- 目標を十分に精査しない
- 採用しようとしている選択肢のリスクを検討しない
- いったん否定された代替案は再検討しない
- 情報を丹念には探さない

- 情報の取捨選択が偏る
- 非常事態に対応する計画を策定できない

　また、『「空気」の研究』でも著名な山本七平は、日本では、「『空気』の支配」というものがあると指摘しています。これは、**当事者以外には説明しにくい「場の空気」に誰も逆らえない結果、責任の所在もあいまいなまま、好ましくない意思決定がなされてしまうというものです。**

　（そういうシーンはなかなかないでしょうが）集団浅慮を起こさせたいなら、先の条件を満たすような人選をし、プレッシャーのかかる状況で、外との連絡ができないような環境で会議を開かせればいいということになります。

　集団浅慮を避けるための防止策としては以下のようなものが提案されています。
- リーダーは、各メンバーが健全な批判精神を持つように促す
- その集団の外に、別のリーダーによる評価グループを置く
- 外部から専門家を招いて、集団の見解に意見を述べさせる
- いったん合意に達した後、改めて合意を得るためのミーティングを開いて、疑念をできるだけ率直に表明する

　時間のかかるものもありますが、それほど急を要さない場合には、こうした予防策は有効なのです。

コモンズの悲劇

ミクロの合理性に
落とし穴あり

定義▶ 人々が合理的に行動する結果、
全体としては好ましくない状態になってしまうこと

　最後にご紹介する「コモンズの悲劇」は、人間が非合理的に考えるというものではありません。**個々の人間は合理的に考えているにもかかわらず、全体的には好ましくない状況になってしまうことを指します。**あえて言えば視座の低さ、視界の狭さがもたらすものと言えるでしょう。コモンズの悲劇は以下のようなたとえ話で説明されます。

　10人の農夫がそれぞれ10匹、計100匹の羊を飼っていたとします。また、ちょうど100匹分の餌をまかなえる牧草地があるとします。農夫がそれぞれ10匹の羊を飼うために適切に牧草地を利用すれば、羊は栄養十分で高値で売れます。ただし、もし羊が栄養不足になると、売価は下がるものとします。

　このような状況下で人々はどのような行動を取るでしょうか。各自が収入を増やしたいと考えるなら、飼う羊の数を増やすでしょう。100匹分をまかなえる共有地もあるので餌にも困りません。**これは個人にとっては合理的判断です。**

しかし、仮に皆が同じことを考えるとどうなるでしょうか。羊の数は過剰となり、牧草地のまかなえる羊の数を超えてしまいます。その結果、羊は栄養不足に陥り、売価は暴落し、農夫は共倒れになってしまうのです。

コモンズの悲劇の例はよく見られます。たとえば以下のようなものです。

- 地震の際、皆が車で避難しようとして道路が埋まり、避難が遅れる
- 夏に皆がクーラーをつける結果、ヒートアイランド現象でますます暑くなる

ここしばらく大きな問題となっている少子化も、コモンズの悲劇の要素が絡んでいるとも言えます。少子化は非婚や晩婚化など、さまざまな問題が絡み合って起きている現象ですが、ある側面から見ると、各人が「子どもをたくさん持って生活レベルを落とすのは嫌だ」「自分の子どもに多くのお年寄りを支える苦労はさせたくない」といった、各人にとっては合理的な考え方に基づいた行動がベースにあるとも考えられるのです。これをどうクリアするかは、日本国民に課された大きな課題と言えるでしょう。

「自分だけ苦労するのは嫌だ」などと言う人、そして考える人が増えると、コモンズの悲劇はあちこちで起こるようになるのです。

参考文献

全般

『ファスト＆スロー（上・下）あなたの意思はどのように決まるか？』（ダニエル・カーネマン著、早川書房）

『影響力の武器 [第三版]：なぜ、人は動かされるのか』（ロバート・B・チャルディーニ著、誠信書房）

『行動意思決定論―バイアスの罠』（マックス・H・ベイザーマン著、ドン・A・ムーア著、白桃書房）

『FACTFULNESS（ファクトフルネス）10の思い込みを乗り越え、データを基に世界を正しく見る習慣』（ハンス・ロスリング著、オーラ・ロスリング著、アンナ・ロスリング・ロンランド著、日経BP）

『不合理 誰もがまぬがれない思考の罠100』（スチュアート・サザーランド、CCCメディアハウス）

『グロービスMBAキーワード 図解 基本ビジネス思考法45』（グロービス著、ダイヤモンド社）

『グロービスMBAキーワード 図解 基本ビジネスの基礎知識50』（グロービス著、ダイヤモンド社）

『グロービスMBAキーワード 図解 基本ビジネスフレームワーク50』（グロービス著、ダイヤモンド社）

『MBA 100の基本』（グロービス著、東洋経済新報社）

『MBA 生産性をあげる100の基本』（グロービス著、東洋経済新報社）

『ビジネスで騙されないための論理思考』（グロービス著、PHP研究所）

『バイアス』（グロービス著、グロービス電子出版）

『ロジカルシンキングの落とし穴』（グロービス著、グロービス電子出版）

『改訂3版グロービスMBAクリティカル・シンキング』（グロービス経営大学院編著、ダイヤモンド社）

『グロービスMBAクリティカル・シンキング コミュニケーション編』（グロービス経営大学院編著、ダイヤモンド社）

1章

https://netsanyo.net/blog/1665 「労力」が逆に顧客満足度を高める？ イケア効果とは

https://optimisertoshi.hatenablog.com/entry/2018/12/07/163154 計画はなぜ、崩れるのか？ 楽観的な計画を立ててしまう理由と解決法

2章

『定量分析の教科書―ビジネス数字力養成講座』（グロービス著、東洋経済新報社）

『MBA 定量分析と意思決定』（グロービス・マネジメント・インスティテュート編著、ダイヤモンド社）

『ビジョナリー・カンパニー 2―飛躍の法則』（ジム・コリンズ著、日経 BP）

『シンギュラリティ大学が教える飛躍する方法』（サリム・イスマイル著、マイケル・S・マローン著、ユーリ・ファン・ギースト著、日経 BP）

『ブラック・スワン［上］［下］』（ナシーム・ニコラス・タレブ著、ダイヤモンド社）

3章

『ハーバード流交渉術　必ず「望む結果」を引き出せる!』（ロジャー・フィッシャー、ウィリアム・ユーリー著、三笠書房）

『ダークサイドオブ MBA コンセプト』（グロービス著、東洋経済新報社）

4章

『グロービス MBA で教えている 交渉術の基本―― 7 つのストーリーで学ぶ世界標準のスキル』（グロービス著、ダイヤモンド社）

『ヤバい経済学』（スティーヴン・D・レヴィット著、スティーヴン・J・ダブナー著、東洋経済新報社）

Mehrabian, Albert (2009). ""Silent Messages" – A Wealth of Information About Nonverbal Communication (Body Language)". Personality & Emotion Tests & Software: Psychological Books & Articles of Popular Interest.

5章

https://note.com/aki3_edcr/n/nb0be93670645　ことばの恐怖とフロリダ効果【触れる言葉は選ぼう】

8章

『キャズム Ver.2 増補改訂版 新商品をブレイクさせる「超」マーケティング理論』（ジェフリー・ムーア著、翔泳社）

http://www.nikkei-science.com/201403_056.html　グーグル効果　ネットが変える脳

https://jp.reuters.com/article/amazon-jobs-ai-analysis-idJPKCN1ML0DN　焦点：アマゾンがAI採用打ち切り、「女性差別」の欠陥露呈で

9章

The Echo-Chamber Effect". The New York Times

『アイデアのちから』（チップ・ハース著、ダン・ハース著、日経 BP 社）

10章

『選択の科学』（シーナ・アイエガー著、文藝春秋）

著者紹介

グロービス

1992 年の設立以来、「経営に関する『ヒト』『カネ』『チエ』の生態系を創り、社会の創造と変革を行う」ことをビジョンに掲げ、各種事業を展開している。

グロービスには以下の事業がある。（https://globis.co.jp）
- ●グロービス経営大学院
  - ・日本語（東京、大阪、名古屋、仙台、福岡、オンライン）
  - ・英語（東京、オンライン）
- ●グロービス・マネジメント・スクール
- ●グロービス・コーポレート・エデュケーション
  （法人向け人材育成サービス／日本・上海・シンガポール・タイ）
- ●グロービス・キャピタル・パートナーズ（ベンチャーキャピタル事業）
- ●グロービス出版（出版／電子出版事業）
- ● GLOBIS 知見録（オウンドメディア、スマホアプリ）

その他の事業：
- ●一般社団法人 G1（カンファレンス運営）
- ●一般財団法人 KIBOW（震災復興支援活動、社会的インパクト投資）
- ●株式会社茨城ロボッツ・スポーツエンターテインメント（プロバスケットボールチーム運営）

執筆者紹介

嶋田毅（しまだ・つよし）

グロービス出版局長、グロービス電子出版編集長兼発行人、『GLOBIS 知見録』編集顧問、グロービス経営大学院教授。

東京大学理学部卒業、同大学院理学系研究科修士課程修了。戦略系コンサルティングファーム、外資系メーカーを経てグロービスに入社。著書に『ダークサイドオブ MBA コンセプト』『MBA 問題解決 100 の基本』『MBA 生産性をあげる 100 の基本』『MBA 100 の基本』『利益思考』（以上東洋経済新報社）、『グロービス MBA キーワード　図解 基本ビジネス思考法 45』『グロービス MBA キーワード　図解 基本ビジネス分析ツール 50』『グロービス MBA キーワード　図解 ビジネスの基礎知識 50』『グロービス MBA キーワード　図解 基本フレームワーク 50』『グロービス MBA ビジネス・ライティング』『ビジネス仮説力の磨き方』（以上ダイヤモンド社）、『テクノベート MBA 基本キーワード 70』『正しい意思決定のための「分析」の基礎技術』『ビジネスで騙されないための論理思考』『競争優位としての経営理念』『[実況] ロジカルシンキング教室』『[実況] アカウンティング教室』（以上 PHP 研究所）、『ロジカルシンキングの落とし穴』『バイアス』『KSF とは』（以上グロービス電子出版）。その他にも多数の共著書、共訳書がある。

ブックデザイン　デザインワークショップジン
DTP・イラスト制作　岸和泉

MBA心理戦術101
なぜ「できる人」の言うことを聞いてしまうのか

2020年2月15日　第1刷発行

著者　　**グロービス**

執筆　　**嶋田 毅**

発行者　　島田真

発行所　　株式会社　文藝春秋
　　　　　〒102-8008
　　　　　東京都千代田区紀尾井町3-23
　　　　　電話 03-3265-1211 (代表)

本文印刷所　理想社
付物印刷所　大日本印刷
製本所　　　新広社